TRIFLE UND PARFAIT REZEPTBUCH

Entdecken Sie die Kunst der Trifles und Parfaits mit 100 köstlichen Rezepten

Tobias Schröder

Urheberrechtliches Material ©2023

Alle Rechte vorbehalten

Kein Teil dieses Buches darf ohne die entsprechende schriftliche Zustimmung des Herausgebers und Urheberrechtsinhabers in irgendeiner Form oder auf irgendeine Weise verwendet oder übertragen werden, mit Ausnahme von kurzen Zitaten, die in einer Rezension verwendet werden. Dieses Buch sollte nicht als Ersatz für medizinische, rechtliche oder andere professionelle Beratung betrachtet werden.

INHALTSVERZEICHNIS

INHALTSVERZEICHNIS	**3**
EINFÜHRUNG	**7**
KLEINIGKEIT	**9**
1. Kürbis-Trifle	10
2. Mini-Tiramisu-Kleinigkeiten	12
3. Eisgekühltes Himbeer-Pfirsich-Trifle	15
4. Pfefferminzrinden-Trifle	17
5. Roter Samt-Trifle	20
6. Cadbury Egg Trifles	23
7. Einzelne Zitronen-Blaubeer-Kleinigkeiten	25
8. Süßkartoffelkuchen-Trifle	28
9. Saftiges Erdbeer-Trifle	30
10. Haselnuss-Mousse-Kleinigkeiten	32
11. Butterscotch-Trifle	35
12. Tres Leches Kokosnusskuchen-Trifle	37
13. Biscotti-Kleinigkeit	42
14. Chanukka-Kleinigkeit	44
15. Eierlikör-Kleinigkeit	47
16. Lebkuchen-Birnen-Trifle	50
17. Kiwi-Kleinigkeit	53
18. Mokka-Himbeer-Trifle	55
19. Pfirsich-Melba-Trifle	57
20. Ananas-Angelfood-Trifle	59
21. Himbeer-Marsala-Trifle	61
22. Scotch-Whisky-Trifle	64
23. Tutti frutti Kleinigkeit	67

24. Napoleon-Kleinigkeit	69
25. Tropische Kleinigkeit	71
26. Cadbury-Ei und Oreo-Kleinigkeiten	73
27. Haselnussmousse	75
28. Erdbeer-Shortcake-Roll-Eiscreme-Trifle	78
29. Kokosnuss-Pudding-Trifle	80
30. Erdbeermarmelade Creme Fraiche Trifle	82
31. Auf den Kopf gestellte grüne Kleinigkeit	84
32. Orangenblüten-Trifle	87

PARFAITS — 89

33. Kürbisparfaits	90
34. Rohparfait mit Spirulinamilch	92
35. Creme de Menthe Parfait	94
36. Blaubeer-Granatapfel-Frühstücksparfait	96
37. Mango-Rum-Parfait	98
38. Joghurtparfait mit Microgreens	101
39. Bananen-, Müsli- und Beerenparfaits	103
40. Bananen-Beeren-Parfaits	105
41. Beeren-Frühstücksparfait	107
42. Fruchtparfaitsalat	109
43. Haselnussparfait-Glasur	111
44. Berry Fool	113
45. Kürbisparfaits	115
46. Apfel- und Pflaumenparfait	117
47. Apfelkuchen-Quinoa-Parfait	120
48. Amaretto-Fruchtparfait	122
49. Bananencremeparfait	124
50. Schwarzwälder Parfait	126
51. Cappuccino-Parfait	128

52. Champagner- und Orangensaftparfaits	130
53. Kaffee-Toffee-Parfaits	132
54. Eierlikör-Parfait-Kuchen	134
55. Gefrorenes Lakritz- und Johannisbeerparfait	136
56. Ingwer-Rhabarber-Parfaits	139
57. Eisgekühltes Mohnparfait	141
58. Birnen-Chia-Pistazien-Frühstücksparfait-Gläser	143
59. Orangen-Ananas-Oreo-Parfait	145
60. Oreo-Kirsch-Schokoladencreme-Parfaits	147
61. Avocado-Oreo-Parfait	149
62. Blaubeer-Granola-Parfait	151
63. Rotes Samtparfait	153
64. Bananen-Ingwer-Keks-Parfait	155
65. Orangen-Müsli-Parfait	157
66. Thunfischparfait mit Gazpacho	159
67. Thunfisch-Kaviar-Parfait	161
68. Schweizer Frühstücksparfait	163
69. Pfingstkuchen mit Parfait	165
70. Sommerliches Traubenparfait	168
71. Süßkartoffelparfait	170
72. Brunch-Parfait mit tropischen Früchten	173
73. Milchreisparfait	175
74. Himbeerstrudelparfaits	177
75. Wurzelbier-Granita-Vanille-Parfait	179
FRUCHT-Narren	**181**
76. Berry Fool	182
77. Bananen-Papaya-Narr	184
78. Cranberry-Narr	186
79. Stachelbeer-Narr	188

80. Guava-Narr	190
81. Zitronengras-Kokosnuss-Dummkopf	192
82. Limettenkuchen mit Erdbeeren und Kiwi	195
83. Mango-Joghurt-Narr	197
84. Pina-Colada-Narr	199
85. Ananas-Makronen-Narr	201
86. Himbeer-Narr	203
87. Erdbeer-Narr	205
88. Rhabarber-Bananen-Narr	207
89. Tropenfrucht-Narr	209
90. Erdbeer-Mascarpone-Narr	211
91. Rhabarber-Ingwer-Dummkopf	213
92. Mango-Narr	215
93. Erdbeer-Rhabarber-Narr	217
94. Gemischte Beeren und Bananen-Fool	219
95. Peach Fool & Pfirsichgelee	221
96. Ananas-Narr	223
97. Kirsch- und Kokosnuss-Narr	225
98. Gemischte Beeren und Joghurt-Fool	227
99. Bananen-Walnuss-Narr	229
100. Blackberry Fool	231
ABSCHLUSS	**234**

EINFÜHRUNG

Parfaits und Trifles stehen ganz oben auf der Liste der ästhetisch ansprechenden Snacks und Desserts. Mit süßen, cremigen, mit Früchten gefüllten Snacks oder Desserts, die in Gläsern präsentiert und mit einem Löffel gegessen werden, kann man kaum etwas falsch machen. Aber sind sie gleich? Die Antwort lautet Nein. Auch wenn Trifles und Parfaits gelegentlich miteinander verwechselt werden, gibt es einige wesentliche Unterschiede zwischen den beiden süßen Leckereien.

Kleinigkeit

Ein Trifle ist eine mit Früchten überzogene, meist mit Alkohol übergossene Vanillesoße oder Creme, die über den Kuchen gestülpt wird. Traditionell wird es am Ende einer schweren Mahlzeit serviert. Sie wurden früher aus einer gesüßten, gekochten Sahnefüllung und zerbröckelten Keksen oder Keksen hergestellt. Jetzt werden sie mit einer beliebigen Füllung Ihrer Wahl zubereitet. Trifles werden traditionell in einer großen, tiefen Glasschüssel zubereitet, sodass Sie alle Schichten der Obst-, Kuchen-, Alkohol- und Gelee-Variationen sehen können!

Parfait

Parfait ist eine Art köstliches, gefrorenes Dessert. Ursprünglich wurde ein Parfait aus Schichten gefrorener Vanillesoße hergestellt. Heutzutage werden Parfaits aus Schichten von gesüßtem, aromatisiertem Joghurt oder mit bayerischer Sahne hergestellt. Anstelle von Kuchen in einer Schicht wird manchmal Müsli verwendet. Nach Pariser Art kann die resultierende pürierte Vanillesoße auf viele verschiedene Arten serviert werden und muss nicht in ein Glas gegeben werden.

Obst-Narr

Ein Narr ist ein englisches Dessert. Traditionell wird Fruit Fool hergestellt, indem man pürierte, gedünstete Früchte zu einer süßen Vanillesoße faltet. Moderne Narrenrezepte verzichten oft auf den traditionellen Vanillepudding und verwenden Schlagsahne. Zusätzlich kann ein Aromastoff wie Rosenwasser hinzugefügt werden.

KLEINIGKEIT

1. Kürbis-Kleinigkeit

Ergibt: 18 Portionen

ZUTATEN:
KUCHEN:
- 1 Schachtel Gewürzkuchen, mit den Händen zerkrümelt
- 1 ¼ Tassen Wasser

PUDDING-FÜLLUNG:
- 4 Tassen Pflanzenmilch
- 4 Unzen Butterscotch-Pudding-Mischung
- 15-Unzen-Dose Kürbismischung
- 1½ Teelöffel Kürbisgewürz
- 12 Unzen leichte Schlagsahne auf pflanzlicher Basis

ANWEISUNGEN:
a) Geben Sie alle Kuchenzutaten in eine 20 cm große quadratische Backform und backen Sie sie 35 Minuten lang oder bis sie fest sind.

b) Auf dem Herd oder einem Kuchengitter abkühlen lassen.

c) In einer Rührschüssel vermengenpflanzlichMilch-Pudding-Mischung.

d) Einige Minuten eindicken lassen. Den Kürbis und die Gewürze gründlich untermischen.

e) Beginnen Sie mit der Schichtung eines Viertels des Kuchens, dann der Hälfte der Kürbismischung, dann eines Viertels des Kuchens und der Hälfte der pflanzlichen Schlagsahne

f) Wiederholen Sie die Schichten

g) Mit Schlagsahne und Kuchenbröseln garnieren. Bis zum Servieren kühl stellen

2. Mini-Tiramisu-Kleinigkeiten

Ergibt: 6 Portionen

ZUTATEN:
FÜR DIE MASCARPONE-FÜLLUNG
- 20 Unzen Mascarpone-Käse
- 3 Esslöffel Zucker
- 1 Tasse schwere Schlagsahne, kalt
- ½ Tasse Puderzucker
- 1 Teelöffel Vanilleextrakt

FÜR ESPRESSO-getränkte Marienfinger
- ¾ Tasse heißes Wasser
- 3 Esslöffel Instant-Espressopulver
- 3 Esslöffel Zucker
- 36 weiche Löffelbiskuits

FÜR DIE KAHLUA-SCHLAGSCREME
- ½ Tasse schwere Schlagsahne
- ¼ Tasse Puderzucker
- 2 Esslöffel Kahlua

ANWEISUNGEN:

a) Mascarpone-Käse und Zucker vermischen, bis alles gut vermischt ist. Nicht zu viel mischen, sonst kann der Mascarpone-Käse dünner werden. Beiseite legen.

b) In einer anderen Schüssel die Schlagsahne, den Puderzucker und den Vanilleextrakt hinzufügen und schlagen, bis sich steife Spitzen bilden.

c) Die Schlagsahne vorsichtig unter die Mascarpone-Käse-Mischung heben. Beiseite legen.

d) In einer anderen Schüssel heißes Wasser, Espressopulver und Zucker vermischen.

e) Um die Trifles zu schichten, tauchen Sie die Löffelbiskuits nacheinander in die Espressomischung und legen Sie sie auf den Boden der Trifle-Tasse. Verwenden Sie zwei bis drei Löffelbiskuits und brechen Sie sie nach Bedarf in Stücke, damit sie in die Tasse passen und eine volle Schicht bilden.

f) Eine Schicht Mascarpone-Füllung auf die Löffelbiskuits spritzen oder löffeln.

g) Wiederholen Sie den Vorgang mit einer weiteren Schicht Löffelbiskuits und Mascarpone-Füllung.

h) Nachdem Sie die Kleinigkeiten erledigt haben, bereiten Sie die Schlagsahne zu.

i) Die schwere Schlagsahne, den Puderzucker und Kahlua in eine große Rührschüssel geben und schlagen, bis sich steife Spitzen bilden.

j) Auf jedes Trifle einen Klecks Schlagsahne geben und nach Belieben mit Kakaopulver bestreuen.

k) Die Kleinigkeiten bis zum Servieren im Kühlschrank aufbewahren.

3. Eisgekühltes Himbeer-Pfirsich-Trifle

Ergibt: 4 Portionen

ZUTATEN:
- 4 Stücke Rührkuchen, gehackt
- 4 bis 8 Esslöffel Sherry oder Marsala
- 7 bis 8 Esslöffel Himbeergelee
- 1 Tasse frische oder gefrorene Himbeeren
- 2 feste reife Pfirsiche, geschält und in Scheiben geschnitten
- 4 Kugeln Vanilleeis, weichmachend
- 1 Tasse Schlagsahne
- frische Himbeeren und Pfirsichscheiben zum Dekorieren

ANWEISUNGEN:

a) Den Kuchen auf den Boden von 4 Glasschüsseln oder Gläsern zerkrümeln. Den Sherry oder Marsala gleichmäßig über den Kuchen streuen.

b) Gelee und Himbeeren vermischen und dann über den Kuchen löffeln. Mit den geschnittenen Pfirsichen belegen.

c) Das weichmachende Eis auf den Pfirsichen verteilen. Mit der Schlagsahne bestreichen und vor dem Servieren bis zu 1 Stunde einfrieren.

d) Zum Servieren mit ein paar frischen Obststücken belegen.

4. Pfefferminzrinden-Trifle

Ergibt: 10 Portionen

ZUTATEN:
FÜR DIE FÜLLUNG MIT WEISSER SCHOKOLADE
- 3 Esslöffel Kristallzucker
- ⅓ c. Maisstärke
- ½ Teelöffel koscheres Salz
- 2 ½ c. Vollmilch
- 1 ½ c. Schlagsahne
- 8 Unzen weiße Schokoladenstückchen
- 2 Esslöffel Butter
- 1 Teelöffel reiner Vanilleextrakt

FÜR DIE BROWNIES UND ZUSAMMENBAU
- 1 Schachtel Brownie-Mischung, plus ZUTATEN: auf der Packung angegeben
- 1 großes Ei
- 2 c. Schlagsahne
- ¼ c. Puderzucker
- 12 Zuckerstangen, zerkleinert, geteilt
- ½ c. geraspelte weiße Schokolade zum Garnieren

ANWEISUNGEN:
FÜR DIE FÜLLUNG MIT WEISSER SCHOKOLADE

a) In einem Topf Zucker, Maisstärke und Salz verrühren. Milch und Sahne langsam unterrühren.

b) Den Herd einschalten und bei mittlerer bis hoher Hitze unter ständigem Rühren zum Kochen bringen. Reduzieren Sie die Hitze auf mittlere Stufe und kochen Sie 1 bis 2 Minuten lang weiter, bis die Mischung eindickt.

c) Den Topf vom Herd nehmen und weiße Schokolade, Butter und Vanille hinzufügen. Rühren, bis die weiße Schokolade schmilzt und die Mischung vermischt ist.

d) Den Pudding in eine Schüssel geben und die Oberfläche mit Frischhaltefolie bedecken. Bis zum Abkühlen im Kühlschrank aufbewahren.

FÜR DIE BROWNIES UND ZUSAMMENBAU

e) Heizen Sie den Ofen auf 350° vor und legen Sie ein 9 x 13 Zoll großes Backblech mit Backpapier aus. In einer großen Schüssel den Brownie-Teig gemäß den Packungsanweisungen zubereiten und das zusätzliche Ei unterrühren, bis eine glatte Masse entsteht.

f) In die vorbereitete Form gießen und ca. 25 Minuten backen, bis ein in die Mitte gesteckter Zahnstocher sauber herauskommt. Vollständig abkühlen lassen.

g) Schlagsahne zubereiten: In einer großen Schüssel mit einem Handmixer Schlagsahne und Puderzucker schlagen, bis sich weiche Spitzen bilden.

h) Trifle zusammenstellen: Brownie in große Würfel schneiden.

i) Eine dünne Schicht der Schlagsahne auf den Boden der Trifle-Form geben. Mit einer Schicht Brownie, dann mit weißer Schokoladenfüllung, dann mit einer halben Tasse zerdrückter Zuckerstangen und Schlagsahne belegen.

j) Noch zweimal wiederholen.

k) Mit zerkleinerten Zuckerstangen und weißen Schokoladenspänen garnieren.

5. Rote Samt-Kleinigkeit

Macht: 8 - 10

ZUTATEN:
- 1 Schachtel Red-Velvet-Kuchenmischung
- 16 Unzen Frischkäse, weich
- 5 Tassen Sahne, geteilt
- 1 ½ Tassen Zucker
- ½ Tasse Puderzucker
- 1 Tasse halbsüße Schokoladenstückchen oder gehackte Schokolade

ANWEISUNGEN:
a) Backofen auf 350° vorheizen. Bereiten Sie den Teig für die Red-Velvet-Kuchenmischung gemäß den Anweisungen in der Packung zu und gießen Sie ihn in eine oder zwei runde Backformen, die ungefähr den gleichen Umfang wie die Trifle-Form haben.
b) Nach Packungsanleitung backen, dann vollständig abkühlen lassen.
c) Nehmen Sie die Kuchen aus den Formen, wickeln Sie sie in Plastikfolie ein und legen Sie sie dann für mindestens 2 Stunden in den Gefrierschrank.
d) In einer großen Schüssel den Frischkäse auf hoher Stufe schlagen, bis er leicht und locker ist. Fügen Sie langsam 3 Tassen Sahne und Zucker hinzu und schlagen Sie, bis sich weiche Spitzen bilden. Bis zur Montage in den Kühlschrank stellen.
e) In einer anderen Schüssel 1 Tasse Sahne und Puderzucker auf höchster Stufe schlagen, bis sich weiche Spitzen bilden. Bis zur Montage in den Kühlschrank stellen.
f) Ganache zubereiten: Schokoladenstückchen in eine mittelhitzebeständige Schüssel geben. In einem kleinen Topf bei schwacher Hitze die restliche 1 Tasse Sahne erhitzen, bis am Rand kleine Blasen entstehen. Die Sahne sofort über die Schokoladenstückchen gießen und 5 Minuten ruhen lassen. Rühren, bis es glänzend und glatt ist. Bis zur Montage in den Kühlschrank stellen.

g) Das Trifle zusammenbauen: Kuchen aus dem Gefrierschrank nehmen und quer in ¼"-Schichten schneiden. Eine Schicht auf den Boden der Trifle-Form legen und mit einer Schicht der Frischkäsemischung bedecken. Wiederholen Sie die Schichten von Kuchen und Frischkäse, bis die Form fast fertig ist füllen, dann eine Schicht Schlagsahne hinzufügen und 1 Stunde ruhen lassen.

h) Kurz vor dem Servieren das Trifle mit Ganache beträufeln und dann mit der restlichen Ganache servieren.

6. Cadbury Egg Trifles

Macht: 4

ZUTATEN:
- 3,4-Unzen-Schachtel Vanillepudding
- 1 Tasse kalte Milch
- 1 Dose gesüßte Kondensmilch
- 8-Unzen-Wanne Cool Whip, geteilt
- 2 Tassen Milchschokoladenstückchen
- 1 Tasse Sahne
- 3 Tassen gehackte Oreos
- Cadbury-Creme-Eier zum Garnieren

ANWEISUNGEN:
PUDDING ZUBEREITEN:
a) In einer großen Schüssel die Puddingmischung, die Milch und die gesüßte Kondensmilch verrühren. Unter häufigem Rühren 5 Minuten ruhen lassen, bis die Mischung eingedickt ist.
GANACHE ZUBEREITEN:
b) In einem kleinen Topf bei mittlerer Hitze die Sahne auf niedriger Stufe köcheln lassen. Milchschokoladenstückchen in eine mittelgroße Schüssel geben und heiße Sahne darüber gießen. 3 Minuten ruhen lassen und dann verrühren, bis die Schokolade geschmolzen ist und die Mischung glatt ist. Auf Raumtemperatur abkühlen lassen.
Kleinigkeiten zusammenbauen:
c) Geben Sie eine gleichmäßige Schicht gehackte Oreos auf den Boden von 4 großen Einmachgläsern. Eine gleichmäßige Schicht Puddingmischung darauf verteilen, Milchschokoladen-Ganache auf dem Pudding verteilen und Cool Whip darüber geben. Wiederholen Sie den Vorgang, um aus jeder Zutat eine weitere Schicht zu machen.
d) Bis zum Servieren kühl stellen.

7. Einzelne Zitronen-Blaubeer-Trifles

Ergibt: 6 Portionen

ZUTATEN:
FÜR DEN ZITRONENKUCHEN:
- 1 Tasse Kuchenmehl
- ½ Teelöffel Backpulver
- ¼ Teelöffel plus ⅛ Teelöffel Backpulver
- ¼ Teelöffel Salz
- ½ Stange Butter, weich
- ⅓ Tasse granulierter Rohrzucker
- 1 Ei
- ¾ Teelöffel Vanilleextrakt
- ½ Teelöffel Zitronenextrakt
- ½ Tasse Buttermilch

FÜR DIE GESÜSSTE SCHLAGSCREME:
- 1 Tasse schwere Schlagsahne
- ¼ Teelöffel Vanilleschotenpaste oder Vanilleextrakt
- 1 Esslöffel reiner Ahornsirup

Für die Kleinigkeiten:
- ½ Zitronenkuchen
- Gesüßte Schlagsahne
- 1 Tasse Zitronenquark
- 2 Tassen frische Blaubeeren

ANWEISUNGEN:
FÜR DEN ZITRONENKUCHEN:

a) Eine 9-Zoll-Kuchenform mit Butter bestreichen. Ofen auf 300 °F vorheizen.

b) In einer kleinen Schüssel Mehl, Backpulver, Natron und Salz vermischen. In einer großen Schüssel Butter und Zucker schaumig rühren.

c) Ei hinzufügen und gut verrühren. Vanille- und Zitronenextrakte unterrühren.

d) Die Hälfte der trockenen ZUTATEN: zu den feuchten ZUTATEN geben und vermischen. Buttermilch hinzufügen und schlagen.

e) Die restlichen trockenen ZUTATEN hinzufügen und vermischen, bis alles gut vermischt ist.

f) Den Teig in die vorbereitete Form gießen, glatt streichen und im vorgeheizten Ofen backen, bis er leicht gebräunt ist und ein Zahnstocher in der Mitte sauber herauskommt (ca. 30 Minuten).

g) Vor dem Zubereiten der Kleinigkeiten vollständig abkühlen lassen.

FÜR DIE GESÜSSTE SCHLAGSCREME:

h) In einer mittelgroßen Schüssel Sahne, Vanille und Sirup oder Zucker schlagen, bis sich mittelsteife Spitzen bilden.

Um die Kleinigkeiten zuzubereiten:

i) Die Hälfte des Kuchens in kleine Würfel schneiden. Geben Sie einige der Würfel auf den Boden eines 8-Unzen-Glases.

j) Fügen Sie ein oder zwei Kleckse Schlagsahne hinzu. Geben Sie eine Schicht Blaubeeren hinein.

k) Einen Löffel Lemon Curd darüber verteilen. Wiederholen Sie die Schichten noch einmal.

l) Machen Sie dasselbe mit den restlichen Marmeladengläsern.

m) Sofort servieren oder abgedeckt einige Stunden im Kühlschrank aufbewahren.

8. Süßkartoffelkuchen-Trifle

Ergibt: 16 Portionen

ZUTATEN:
- 1 Pekannusstorte
- 1 Süßkartoffelkuchen oder Kürbiskuchen
- 2 ½ Tassen Schlagsahne
- 2 Tassen Butter-Pekannuss-Eis
- 1 Tasse Karamellsauce

ANWEISUNGEN:

a) Beginnen Sie unten mit dem Süßkartoffelkuchen und der Kruste, damit er stabil bleibt.

b) Als nächstes etwas Eis und dann Schlagsahne darauf verteilen.

c) Wenn Sie möchten, können Sie der Schlagsahne etwas Karamell hinzufügen. Als nächstes mit den Pekannusskuchenstücken belegen.

d) Anschließend mit Eis und Schlagsahne wiederholen und mit Karamell und Pekannüssen belegen.

9. Saftiges Erdbeer-Trifle

Ergibt: 1 Trifle-Schüssel

ZUTATEN:

- 1 Tasse kalte Vollmilch
- 1 Tasse Sauerrahm
- 3,4-Unzen-Packung Instant-Vanillepudding-Mischung
- 1 Teelöffel geriebene Orangenschale
- 2 Tassen schwere Schlagsahne
- 8 Tassen gewürfelter Angel-Food-Kuchen
- 4 Tassen geschnittene frische Erdbeeren
- ½ Tasse Grand Marnier plus 2 Esslöffel

ANWEISUNGEN:

a) Lassen Sie Ihren gewürfelten Angel Food Cake über Nacht in einer halben Tasse Grand Marnier im Gefrierschrank einweichen.

b) Schlagen Sie zunächst Ihre frische Schlagsahne auf und stellen Sie sie beiseite. In einer großen Schüssel Milch, Sauerrahm, 2 Esslöffel Likör, Puddingmischung und Orangenschale auf niedriger Stufe verrühren, bis die Masse eingedickt ist. Unter die Schlagsahne heben.

c) So arrangieren Sie Ihre Trifle-Schüssel: Geben Sie ⅓ des Kuchens auf den Boden. Fügen Sie Erdbeeren an den Seiten und oben hinzu. Geben Sie dann Ihre Puddingmischung darüber. Wiederholen.

d) Vor dem Servieren 2 Stunden im Kühlschrank lagern. Zwischen den Portionen im Kühlschrank aufbewahren.

10. Haselnuss-Mousse-Kleinigkeiten

Ergibt: 10 Portionen

ZUTATEN:
KUCHEN
- 1 Tasse Allzweckmehl
- 1 Tasse Kristallzucker
- ¼ Tasse + 2 Esslöffel ungesüßtes Kakaopulver
- 1 Teelöffel Backpulver
- ½ Teelöffel Backpulver
- ½ Teelöffel Salz
- ½ Tasse heißer Kaffee
- ½ Tasse neutral aromatisiertes Öl
- ½ Tasse Vollmilch oder fettreduzierte Milch
- ½ Teelöffel Vanilleextrakt
- 1 großes Ei

SCHOKOLADEN-HASELNUSS-MOUSSE
- 1 ½ Tassen schwere Schlagsahne, kalt
- ¾ Tasse Schokoladen-Haselnuss-Aufstrich
- Topping-/Garniervorschläge
- Schokoladenspäne
- Schokoladenstreusel
- Ungesüßtes Kakaopulver
- Schlagsahne

ANWEISUNGEN:
KUCHEN VORBEREITEN

a) Heizen Sie den Ofen auf 325 °F vor und stellen Sie eine gefettete quadratische 8-Zoll-Backform oder eine runde 9-Zoll-Backform beiseite.

b) In einer großen Schüssel Allzweckmehl, Zucker, Kakaopulver, Natron, Backpulver und Salz verrühren. Beiseite legen.

c) In einer separaten Schüssel Kaffee, Öl, Milch, Vanille und Ei verquirlen.

d) Flüssige ZUTATEN zur Mehlmischung hinzufügen und verrühren, bis alles gut vermischt ist. Geben Sie den Teig in die vorbereitete Backform und backen Sie ihn etwa 30 bis 40 Minuten lang, bis ein in der Mitte hineingesteckter Zahnstocher sauber herauskommt. 15 Minuten in der Pfanne abkühlen lassen, dann zum vollständigen Abkühlen auf einen Rost legen.

MOUSSE ZUBEREITEN

e) Schlagsahne in einer großen Schüssel bei mittlerer bis hoher Geschwindigkeit schlagen, bis sich steife Spitzen bilden.

f) Den Schokoladen-Haselnuss-Aufstrich dazugeben und vorsichtig unterheben, bis alles gut vermischt ist und keine Streifen mehr vorhanden sind.

g) Falls gewünscht, die Mousse in einen Spritzbeutel füllen.

Kleinigkeiten zusammenbauen

h) Den abgekühlten Kuchen in mundgerechte Stücke schneiden.

i) Die Hälfte der Kuchenstücke auf die Servierplatten verteilen.

j) Die Hälfte der Mousse auf den Kuchen spritzen oder löffeln.

k) Mit restlichem Kuchen und Mousse belegen. Nach Wunsch garnieren.

l) Kleinigkeiten müssen bis zum Servieren gekühlt aufbewahrt werden.

11. Butterscotch-Trifle

Macht: 8

ZUTATEN:
- 1 Schokoladenkuchen-Mischbox
- 2 Eier
- ¼ Tasse Rapsöl
- 4 Schachteln Butterscotch-Pudding
- 8 Tassen Milch
- 2 Tassen Sahne
- 2 Esslöffel Kristallzucker
- 2 Teelöffel Vanilleextrakt

ANWEISUNGEN:
a) Kuchenteig, Öl und Eier vermischen. Gut umrühren.
b) In eine Backform gießen.
c) Bei 350 Grad 10–12 Minuten kochen. Abkühlen lassen.
d) Butterscotch-Pudding-Mischung und Milch in einem Topf vermischen.
e) Zum Kochen bringen und 12 – 15 Minuten kochen lassen. Im Kühlschrank abkühlen lassen.
f) In einer Küchenmaschine Sahne und Zucker vermischen. Schlagen, bis sich weiche Spitzen bilden.
g) Die Vanille hinzufügen und verrühren, bis alles gut vermischt ist.
h) Legen Sie das Trifle schichtweise zusammen. Beginnen Sie damit, den Kuchen mit den Händen zu zerkrümeln.
i) Legen Sie eine 2 Zoll dicke Schicht auf den Boden der Form.
j) Als nächstes fügen Sie die Hälfte des Butterscotch-Puddings hinzu.
k) Geben Sie dann den größten Teil der Schlagsahne darauf und lassen Sie etwas davon für den Überzug übrig.
l) Zum Schluss eine Kuchenschicht und eine weitere Puddingschicht hinzufügen und dann etwas Schlagsahne in die Mitte geben. Mit weiteren Kuchenkrümeln belegen.

12. Tres Leches Kokosnusskuchen-Trifle

Macht: 10

ZUTATEN:
KUCHEN
- 1 Tasse weißer Zucker
- 5 Eigelb
- 5 Eiweiß
- ⅓ Tasse Kokosmilch
- ½ Teelöffel Vanilleextrakt
- 1 Teelöffel Kokosextrakt
- 1 Tasse Allzweckmehl
- 1 ½ Teelöffel Backpulver

MILCHSOßE
- 14-Unzen-Dose gesüßte Kondensmilch
- 12 Flüssigunzen Dose Kondensmilch, minus ½ Tasse
- ¾ Tasse Kokosmilch

KOKOSNUSS-GEBÄCKCREME
- 14 Unzen Kokosmilch
- ¾ Tasse Zucker
- 3 Teelöffel Vanilleextrakt
- eine Prise koscheres Salz
- 3 große Eigelb
- 2 Esslöffel Maisstärke
- 2 Esslöffel ungesalzene Butter
- 1 Tasse gesüßte Kokosflocken
- ½ Tasse schwere Schlagsahne

SCHLAGSAHNE
- 2 Tassen schwere Schlagsahne
- 6 Esslöffel Puderzucker
- geröstete Kokosnuss zum Zusammenstellen und Bestreuen

ANWEISUNGEN:
a) Um die Kokosnuss zu rösten, verteilen Sie sie auf einem Backblech und backen Sie sie einige Minuten lang bei 180 °C (180 °C) unter gelegentlichem Rühren, bis sie geröstet und braun ist.
b) Übertragen Sie es zum Abkühlen auf einen Teller, bevor Sie es verwenden.

KOKOSNUSS-GEBÄCKCREME HERSTELLEN:
c) Kokosmilch, Zucker, Salz und Vanille in einem mittelgroßen Topf vermischen und bei mittlerer Hitze erhitzen. In einer separaten Schüssel Eigelb und Maisstärke verquirlen.
d) Wenn die Kokosmilchmischung heiß wird, temperieren Sie das Eigelb, indem Sie eine halbe Tasse Milch aufschöpfen und diese unter Rühren langsam in das Eigelb träufeln.
e) Geben Sie nun das temperierte Eigelb wieder in die Kokosmilchmischung, die noch auf dem Herd steht, und verrühren Sie es 3 Minuten lang auf mittlerer bis hoher Stufe, oder bis die Mischung dick wird und Blasen bildet.
f) Achten Sie darauf, die gesamten drei Minuten konstant zu verrühren, damit sich die Gebäckcreme später nicht löst.
g) Nach den 3 Minuten die Butter und dann die Kokosnuss unterrühren. Gießen Sie die Sahne in eine flache Schüssel und lassen Sie sie abkühlen.
h) Decken Sie die abgekühlte Creme mit einer Plastikfolie ab, die direkt an die Konditorcreme gedrückt wird, damit sich keine Haut bildet.
i) Stellen Sie die Konditorcreme eine Stunde lang in den Kühlschrank, während Sie die folgenden Schritte ausführen. Sobald es kalt ist, rühren Sie die Konditorcreme um, um sie aufzulockern.
j) Die ½ Tasse Sahne in einer gekühlten Schüssel auf mittlerer Höhe aufschlagen. Ein Drittel der Schlagsahne in die Konditorcreme einrühren, um sie aufzuhellen, bevor der Rest untergehoben wird.

DEN KUCHEN BACKEN:

k) Heizen Sie den Ofen auf 350 Grad F vor und fetten Sie zwei 9-Zoll-Kuchenformen ein.

l) In einer mittelgroßen Schüssel das Eigelb mit der ¾ Tasse Zucker schlagen, bis es hell ist und sein Volumen verdoppelt hat. Kokosmilch, Vanille, Kokosextrakte, Mehl und Backpulver untermischen.

m) In einer separaten Schüssel das Eiweiß schlagen, bis sich weiche Spitzen bilden.

n) Den restlichen ¼ Tasse Zucker hinzufügen und schlagen, bis sich steife Spitzen bilden.

o) Das Eiweiß vorsichtig unter die Eigelbmischung heben, bis keine Streifen mehr vorhanden sind, und den Teig in die vorbereiteten Formen füllen.

p) Backen Sie sie bei 350 Grad 12–15 Minuten lang oder bis ein Zahnstocher, der in die Mitte gesteckt wird, sauber herauskommt.

q) Lassen Sie sie 10 Minuten lang in der Form abkühlen, bevor Sie mit einem Messer über den Rand der Kuchenschichten fahren und sie umgedreht auf ein Abkühlgitter legen. Kühlen Sie sie vollständig ab.

SCHLAGSCREME HERSTELLEN:

r) 2 Tassen Sahne und Puderzucker in einer gekühlten Schüssel steif schlagen.

ZUSAMMENBAUEN DES TRIFLE:

s) Für die Drei-Milch-Sauce Kondensmilch, Kondensmilch und Kokosmilch verrühren.

t) Legen Sie einen Kuchenboden auf den Boden Ihrer Trifle-Form und stechen Sie mit einer Gabel Löcher hinein.

u) Gießen Sie etwa ⅓ Tasse der Milchmischung darüber und lassen Sie es etwa 30 Minuten ruhen.

v) Geben Sie die gesamte Kokoscreme, eine großzügige Schicht geröstete Kokosnuss und die Hälfte der Schlagsahne darauf.

w) Stechen Sie mit einer Gabel in den anderen Kuchenboden.

x) Legen Sie es auf die Schlagsahneschicht in Ihrer Trifle-Form und gießen Sie eine weitere ⅓ Tasse Milchmischung darüber.

y) Decken Sie das Trifle ab und stellen Sie es 30 Minuten lang in den Kühlschrank. Nach dem Abkühlen das Trifle mit der restlichen Schlagsahne bestreichen und mit der restlichen gerösteten Kokosnuss belegen.

z) Lassen Sie das Ganze vor dem Verzehr über Nacht im Kühlschrank ruhen.

13. Biscotti-Kleinigkeit

Ergibt: 6 Portionen

ZUTATEN:
- 3 Tassen Gebäckcreme
- 2 Tassen zerbröckelte oder gehackte Biscotti
- ½ Tasse Likör mit Kaffeegeschmack
- 3 Tassen geschnittene Erdbeeren
- 1 Tasse Schlagsahne
- 3 Zweige Minze
- 1 Schokoladenspäne

ANWEISUNGEN:
a) In einer hübschen 1½-Liter-Glasschale oder -schüssel ein Drittel der Gebäckcreme verteilen, ein Drittel der Biscotti-Krümel darauf verteilen und mit Kaffeelikör beträufeln.
b) Mit 1 Tasse Erdbeeren belegen. Noch zweimal wiederholen.
c) Zum Schluss Schlagsahne darüber verteilen.
d) Mit Minze und Schokolade garnieren. Vor dem Servieren abgedeckt 45 Minuten im Kühlschrank lagern.

14. Chanukka-Kleinigkeit

Ergibt: 1 Portion

ZUTATEN:
- 2½ Tasse Vanillepudding
- 1 Biskuitrolle mit Marmelade
- 4 Esslöffel Portwein
- ⅔ Tasse Doppelrahm
- 4 Esslöffel Fruchtsirup aus beliebigen Obstkonserven
- 1 Tasse Obstsalat, frisch oder aus der Dose
- 2½ Tasse Milch
- 2 Esslöffel Puddingpulver
- 2 Esslöffel feinster Zucker
- 1 Eigelb
- 2 Tassen Vollmilch
- 3 Esslöffel Zucker
- 2 ganze Eier plus
- 2 Eigelb
- ½ Teelöffel Vanilleessenz

ANWEISUNGEN:

a) Puddingpulver nach Packungsanleitung zubereiten.

b) Wenn Sie Eiercreme zubereiten möchten, erhitzen Sie die Milch, bis sie dampft. Heiße Milch, Zucker, Eier und Eigelb in einen Mixerbecher oder eine Küchenmaschine geben und 10 Sekunden lang mixen.

c) Ganz sanft über kochendem Wasser kochen, bis die Masse dick genug ist, um die Rückseite eines Holzlöffels zu bedecken, oder bei schwacher Hitze verquirlen, ohne dass sich Blasen bilden.

d) Die Vanille dazugeben und abkühlen lassen.

e) Schneiden Sie die Biskuitrolle in ½ Zoll dicke Scheiben und bestreichen Sie damit den Boden einer Glasschüssel.

f) Mit dem Wein beträufeln.

g) Die Creme über den Kuchen gießen und abkühlen lassen.

h) Schlagen Sie die Sahne, bis sie anfängt einzudicken, fügen Sie dann nach und nach den Fruchtsirup hinzu und verrühren Sie erneut, bis sie dickflüssig ist.

i) Die Früchte unter die Sahnemischung oder den Frischkäse heben und darüber löffeln.

j) Zum gründlichen Abkühlen 1 Stunde lang einfrieren oder über Nacht im kältesten Teil des Kühlschranks stehen lassen.

15. Eierlikör-Kleinigkeit

Ergibt: 8 Portionen

ZUTATEN:
- 1¼ Tasse kalte Milch
- 1 Packung Jell-O Instant-Pudding und Kuchenfüllung, französische Vanille oder Vanillegeschmack
- ¼ Tasse Rum
- ⅛ Teelöffel gemahlene Muskatnuss
- 8 Unzen Cool Whip Schlagsahne, aufgetaut
- 1 Pfund Kuchenlaib
- 2 Esslöffel Erdbeermarmelade
- 11-Unzen-Dose Mandarinenabschnitte, abgetropft
- 1½ Tassen Erdbeeren halbiert
- ¼ Tasse Mandelscheiben, geröstet

ANWEISUNGEN:

a) Milch in eine mittelgroße Schüssel gießen. Puddingmischung, 2 Esslöffel Rum und Muskatnuss hinzufügen.
b) Mit einem Schneebesen 1 bis 2 Minuten lang schlagen, bis alles gut vermischt ist.
c) 5 Minuten stehen lassen oder bis es leicht eingedickt ist.
d) Die Hälfte des geschlagenen Belags unterheben.
e) Schneiden Sie die abgerundete Spitze eines Pfundkuchens ab, der zum Knabbern oder für andere Zwecke reserviert ist.
f) Den restlichen Kuchen horizontal in 4 Schichten schneiden. Mit den restlichen 2 EL Rum gleichmäßig schichtweise bestreuen.
g) Marmelade auf der Oberfläche von 2 Schichten verteilen, mit den restlichen 2 Schichten belegen. Kuchen in 2,5 cm große Würfel schneiden.
h) Legen Sie etwa die Hälfte der Kuchenwürfel auf den Boden einer 2½-Liter-Schüssel mit geradem Rand.
i) Geben Sie die Hälfte der Puddingmischung in eine Schüssel.
j) Mit der Hälfte der Früchte und Mandeln belegen und mit den restlichen Kuchenwürfeln bedecken.
k) Die restliche Puddingmischung über den Kuchen geben. Mit den restlichen Früchten und Mandeln belegen.
l) Mit dem restlichen Schlagsahne garnieren. Bis zum Servieren kalt stellen.

16. Lebkuchen-Birnen-Trifle

Ergibt: 16 Portionen

ZUTATEN:
- 2½ Tassen Vollkorn-Gebäckmehl
- 1 Teelöffel Backpulver
- 1 Teelöffel Backpulver
- ½ Teelöffel gemahlene Nelken
- ½ Teelöffel gemahlener Zimt
- ½ Teelöffel Salz
- ½ Tasse brauner Zucker
- ½ Tasse Pflaumenpüree
- 2 Teelöffel gehackte Ingwerwurzel
- 2 Esslöffel Pflanzenöl
- 1 Tasse dunkle Melasse
- 2 Teelöffel Vanilleextrakt
- ¾ Tasse kochendes Wasser
- Kochspray oder Öl
- 6 Birnen, geschält und in Scheiben geschnitten
- 1 Tasse Zucker
- ¾ Tasse Wasser
- ¼ Teelöffel Muskatnuss
- ¼ Tasse Zitronensaft
- 2 Esslöffel Brandy oder Cognac
- 12 Unzen Lite Seidentofu
- 1 Tasse Zucker
- 1 Teelöffel Vanilleextrakt
- ½ Teelöffel Zimt
- ¾ Tasse Sojamilch
- Schlagsahne

ANWEISUNGEN:

a) So backen Sie Lebkuchen: Heizen Sie den Ofen auf 180 °C vor. Besprühen oder ölen Sie eine quadratische Backform mit 20 oder 23 cm Durchmesser leicht ein. In einer mittelgroßen Schüssel Mehl, Natron, Backpulver, Nelken, Zimt und Salz vermischen und beiseite stellen. In einer großen Schüssel braunen Zucker, Pflaumenpüree, Ingwer und Öl verrühren. Melasse und Vanille dazugeben und glatt rühren. Kochendes Wasser einrühren und gut vermischen.

b) Trockene ZUTATEN hinzufügen: und verrühren, bis alles gut eingearbeitet ist. Den Teig in die vorbereitete Form füllen und etwa 35 Minuten lang backen, oder bis ein in die Mitte gesteckter Zahnstocher sauber herauskommt. Herausnehmen und 5 Minuten ruhen lassen.

c) Zum Abkühlen auf ein Gestell kippen. So bereiten Sie die Birnensauce zu: In einem großen Topf Birnen, Zucker, Wasser, Muskatnuss und Zitronensaft vermischen. Unter häufigem Rühren zum Kochen bringen.

d) Hitze leicht reduzieren und ohne Deckel etwa 10 Minuten weiterkochen.

e) Brandy einrühren und beiseite stellen. So bereiten Sie die Creme zu: In einer Küchenmaschine oder einem Mixer Tofu, Zucker, Vanille und Zimt pürieren, bis eine glatte Masse entsteht.

f) Sojamilch hinzufügen und glatt und leicht verarbeiten. So stellen Sie das Trifle zusammen: Schneiden Sie den abgekühlten Kuchen in 2,5 cm große Würfel. In einer kleinen Schüssel oder großen Schüssel ⅓ der Sahne auf dem Boden verteilen. Als nächstes die Hälfte des Lebkuchens darauf verteilen. Die Hälfte der Birnen auf den Kuchen geben und die Hälfte der restlichen Sahne darüber geben.

g) Mit dem restlichen Lebkuchen, den Birnen und der restlichen Sahne wiederholen.

h) Mit Plastikfolie fest abdecken und mehrere Stunden oder über Nacht im Kühlschrank lagern, damit sich die Aromen vermischen. Kurz vor dem Servieren nach Belieben den geschlagenen Belag darüber rühren.

17. Kiwi-Kleinigkeit

Ergibt: 1 Portion

ZUTATEN:
- 1 Packung Instant-Vanillepudding-Mischung
- 1 Packung Ladyfingers
- 3 Esslöffel Sahne-Sherry
- ¼ Tasse Erdbeerkonfitüre
- 2 Tassen geschnittene Kiwis
- 2 Esslöffel geröstete Mandelblättchen
- 4 Unzen gefrorener Dessertbelag, aufgetaut

ANWEISUNGEN:
a) Bereiten Sie die Instant-Vanille-Pudding-Mischung gemäß den Anweisungen in der Packung zu. Beiseite legen.
b) Löffelbiskuits in Würfel schneiden.
c) In einer 2-Liter-Servierschüssel die Hälfte der gewürfelten Löffelbiskuits schichten.
d) Mit der Hälfte des Sherrys bestreuen. Mit der Hälfte der Konfitüre belegen.
e) Mit der Hälfte der Kiwi und der Hälfte der Mandeln belegen.
f) Die Hälfte des vorbereiteten Puddings darübergießen. Wiederholen Sie die Schichten, beginnend mit den restlichen Löffelbiskuits, Sherry, Konfitüre, Obst, Mandeln und Pudding.
g) Bis zum Servieren kalt stellen.
h) Zum Servieren mit dem aufgetauten gefrorenen Dessert-Topping belegen.
i) Ungefähr 10 Minuten.

18. Mokka-Himbeer-Trifle

Ergibt: 8 Portionen

ZUTATEN:
- 1 Pfund Schokoladen-Biskuitkuchen
- ⅓ Tasse Kahlua
- 1 Pfund Himbeeren, frisch oder gefroren
- 3½ Unzen dunkle Schokolade
- 1⅓ Tasse Schlagsahne
- 4 Eigelb
- ¼ Tasse Maisstärke
- ¾ Tasse Zucker
- 1½ Tasse Milch
- 1 Esslöffel Instantkaffeepulver
- 1 Esslöffel Wasser, heiß
- 2 Teelöffel Vanille
- 1⅓ Tasse Schlagsahne

ANWEISUNGEN:
a) Kuchen in 10-12 Scheiben schneiden. Die Hälfte der Scheiben in eine kleine Schüssel geben. Gleichmäßig mit der Hälfte des Kahlua bestreuen, mit der Hälfte der Himbeeren belegen, mit ⅓ der Schokolade bestreuen und mit der Hälfte der Vanillesoße bestreichen. Wiederholen Sie die Schichten.
b) Mit Schlagsahne, restlicher dunkler Schokolade und zusätzlichen Himbeeren dekorieren. Kaffeecreme: Eigelb, Maisstärke und Zucker in einer Pfanne glatt rühren. Milch in einem separaten Topf erhitzen und nach und nach unter die Eigelbmischung rühren. Unter ständigem Rühren kochen, bis die Mischung kocht und eindickt.
c) Fügen Sie Kaffee, Wasser und Vanille hinzu, decken Sie die Oberfläche mit Plastikfolie ab, um die Bildung einer Haut zu verhindern, und lassen Sie es auf Raumtemperatur abkühlen. Schlagsahne schlagen, bis sich weiche Spitzen bilden, und unter die Vanillesoße heben.

19. Pfirsich-Melba-Trifle

Ergibt: 1 Portion

ZUTATEN:
- Zwei 8-Unzen-Packungen Ladyfingers
- ¼ Tasse plus 1 Esslöffel trockener Sherry- oder Orangensaft
- 1½ Pfund frische Pfirsiche, geschält und in Scheiben geschnitten
- ½ Tasse rote Himbeerkonfitüre
- 18-Unzen-Dose gesüßte Kondensmilch
- 1½ Tassen kaltes Wasser
- 8-Unzen-Packung Instant-Vanillepudding- und Kuchenfüllungsmischung
- 2 Tassen Sahne oder Schlagsahne
- zusätzlich eingelegte rote Himbeeren zum Garnieren
- geröstete Mandeln zum Garnieren

ANWEISUNGEN:

a) Den Boden und die Seite einer 2,5- bis 3-Liter-Schüssel mit der geteilten Seite nach oben auslegen. Mit 2 Esslöffeln Sherry- oder Orangensaft bestreichen.

b) Mit der Hälfte der Pfirsichscheiben belegen. Die Marmelade über die Pfirsiche geben und beiseite stellen. In einer großen Rührschüssel Kondensmilch und Wasser vermischen.

c) Puddingmischung hinzufügen und gut verrühren. 5 bis 10 Minuten kühl stellen.

d) In einer kleinen Rührschüssel Sahne schlagen, bis sich steife Spitzen bilden.

e) Mit 1 Esslöffel restlichem Sherry- oder Orangensaft unter die gekühlte Puddingmischung heben. Die Hälfte der Konfitüren in eine Schüssel geben.

f) Mit den restlichen Löffelbiskuits, Sherry- oder Orangensaft und der Puddingmischung belegen.

g) Abdecken und mindestens 2 Stunden im Kühlschrank lagern. Kurz vor dem Servieren mit zusätzlichen Himbeerkonfitüren und Mandeln garnieren. Um Mandeln zu rösten, legen Sie eine einzelne Schicht auf ein Backblech.

h) Bei 300 Grad 5 bis 7 Minuten backen oder bis es ganz leicht gebräunt ist. Vollständig abkühlen lassen.

20. Ananas-Engelsessen-Trifle

Ergibt: 12 Portionen

ZUTATEN:
- 1 Dose Ananas-Leckerbissen
- 2 Packungen Instant-Vanillepudding
- 3 Tassen Milch
- 8 Unzen Sauerrahm
- 8 Unzen Cool Whip
- 1 Angelfood-Kuchen, gewürfelt

ANWEISUNGEN:
a) Ananasstückchen abtropfen lassen, dabei 1 Tasse Saft auffangen und beiseite stellen.
b) Kombinieren Sie die Instant-Puddingmischung, eine halbe Tasse Saft und Milch in einer großen Rührschüssel und schlagen Sie bei niedriger Geschwindigkeit mit einem Elektromixer 2 Minuten lang oder bis die Masse eingedickt ist.
c) Sauerrahm und Ananasstückchen unterheben.
d) Geben Sie ⅓ der Kuchenwürfel auf den Boden einer 16-Tassen-Glasschüssel. Mit 2 bis 3 Esslöffeln restlichem Ananassaft beträufeln.
e) Eine großzügige Menge Rum darüber träufeln.
f) ⅓ der Puddingmischung über den Kuchen geben.
g) Wiederholen Sie den Vorgang zweimal und schließen Sie mit der Puddingmischung ab.
h) Abdecken und mindestens 3 Stunden kalt stellen. Kurz vor dem Servieren den geschlagenen Belag darauf verteilen.
i) Nach Belieben mit Minzblättern und Ananasscheiben garnieren.

21. **Himbeer-Marsala-Trifle**

Ergibt: 12 Portionen

ZUTATEN:
- 22 ¼ oz Packung feuchte Deluxe-Butterrezept-Goldkuchenmischung
- 13/16 Tasse trockener Marsala
- 12 oz gefrorene ungesüßte Himbeeren, aufgetaut, abgetropft
- 3⅝ Esslöffel plus ¾ Tasse Zucker
- 10¾ großes Eigelb
- 1 3/16 Tasse trockener Marsala
- 1 13/16 Tasse Schlagsahne, gekühlt
- ⅝ Pint Korb mit frischen Himbeeren

ANWEISUNGEN:

a) Für Kuchen: Backform mit Butter und Mehl (13 x 9 x 2 Zoll).

b) Bereiten Sie den Kuchen gemäß den Anweisungen in der Packung zu und ersetzen Sie dabei ⅔ Tasse Marsala durch Wasser.

c) Den Kuchen backen und vollständig abkühlen lassen. Schneiden Sie den Kuchen der Länge nach in 2,5 cm große Drittel.

d) Den Kuchen der Länge nach in 2,5 cm breite Scheiben schneiden. Beiseite legen.

e) Für die Füllung: Aufgetaute gefrorene Himbeeren und 3 Esslöffel Zucker in einer großen Schüssel vermischen. Beiseite legen.

f) Mit einem Handmixer Eigelb und den restlichen ¾ Tasse Zucker in einer großen Metallschüssel schlagen, bis alles gut vermischt ist.

g) 1 Tasse trockenen Marsala unterrühren. Stellen Sie die Schüssel über einen Topf mit siedendem Wasser.

h) Etwa 6 Minuten lang schlagen, bis sich das Volumen der Mischung verdreifacht und auf einem Thermometer 160 Grad angezeigt werden. Nehmen Sie die Schüssel aus dem Wasser. Kühlen Sie die Eigelbmischung auf Raumtemperatur ab und rühren Sie dabei gelegentlich um.

i) Ordnen Sie so viele Kuchenstücke in einer 12-Tassen-Kleinform an, dass der Boden bedeckt ist.

j) 1 Tasse Himbeermischung über den Kuchen geben, so dass etwas am Rand der Schüssel sichtbar ist.

k) Gießen Sie 1 ½ Tassen Füllung darüber. Ordnen Sie so viele Kuchenstücke auf der Füllung an, dass diese vollständig bedeckt sind. Die restliche Himbeermischung darüber verteilen. Die restliche Füllung darübergießen und die Oberseite glatt streichen. Decken Sie das Trifle ab und kühlen Sie es mindestens 4 Stunden oder über Nacht.

l) Mit einem Elektromixer eine ¾ Tasse gekühlte Schlagsahne in einer mittelgroßen Schüssel steif schlagen. In einen Spritzbeutel mit großer Sterntülle füllen. Schlagsahne dekorativ über eine Kleinigkeit spritzen. Trifle mit frischen Himbeeren garnieren.

22. Scotch-Whisky-Trifle

Ergibt: 12 Portionen

ZUTATEN:
- ⅔ Tasse Halb und halb
- 6 Eigelb
- ¾ Tasse dunkelbrauner Zucker, verpackt
- 3 Esslöffel Allzweckmehl
- 1½ Teelöffel Vanilleextrakt
- 1 Tasse Schlagsahne, gekühlt
- 2 Esslöffel Schlagsahne, gekühlt
- 1¼ Teelöffel Instant-Espressopulver
- 3 Esslöffel schottischer Whisky
- 1 Pfund gefrorener Pfundkuchen, gewürfelt
- 6 Esslöffel schottischer Whisky
- 1 Tasse Himbeermarmelade
- 1 Pint frische Himbeeren
- 2 Bananen, geschält, der Länge nach halbiert, in Scheiben geschnitten
- 2 Tassen Schlagsahne, gekühlt
- 3 Esslöffel Zucker
- 3 Esslöffel schottischer Whisky
- ½ Pint frische Himbeeren
- Halbsüße Schokolade, gekräuselt oder gerieben

ANWEISUNGEN:
FÜR CUSTARD:
a) In einem schweren, mittelgroßen Topf je zur Hälfte anbrühen.
b) Eigelb, Zucker und Mehl auf einem Wasserbad glatt rühren.
c) Nach und nach die heiße Hälfte unterrühren. Über kochendes Wasser geben und etwa 6 Minuten lang rühren, bis der Vanillepudding sehr dick ist und beim Tropfen vom Löffel kleine Hügel bildet.
d) Den Wasserbaddeckel auf Eis stellen und die Vanillesoße abkühlen lassen, dabei gelegentlich umrühren. Vanille untermischen.

e) Schlagsahne und Espressopulver in einer großen Schüssel vermischen und verrühren, bis sich das Pulver auflöst. Zu festen Spitzen schlagen. Scotch hinzufügen und schlagen, bis es fest ist.

f) Sahnemischung in 2 Portionen unter die kalte Vanillesoße heben.

FÜR KLEINIGKEIT:

g) Geben Sie die Hälfte der Pfundkuchenwürfel in eine 3-Liter-Trifle-Schüssel oder eine Glasschüssel. Mit 3 Esslöffeln Scotch bestreuen und vermischen. Die Marmelade in einem schweren kleinen Topf erhitzen, bis sie gerade noch gießbar ist.

h) Die Hälfte der Marmelade auf den Kuchen geben und verstreichen. Mit der Hälfte der Vanillesoße belegen.

i) Geben Sie die Hälfte der Himbeeren darauf und achten Sie darauf, dass einige Beeren am Rand der Schüssel sichtbar sind.

j) Mit der Hälfte der Bananen belegen. Geben Sie die restlichen Rührkuchenwürfel in eine andere Schüssel.

k) Mit 3 Esslöffeln Scotch bestreuen und vermengen.

l) Früchte darüber schichten. Restliche Marmelade darüber geben und verstreichen. Mit der restlichen Vanillesoße belegen und dann mit den anderen Himbeer- und Bananenhälften belegen.

m) Abdecken und mindestens 3 Stunden im Kühlschrank lagern, bis es fest ist.

n) Sahne und Zucker in einer großen Schüssel steif schlagen. 3 Esslöffel Scotch hinzufügen und zu festen Spitzen schlagen. Sahne auf die Kleinigkeit häufen.

o) Mit frischen Himbeeren und Schokolade garnieren.

23. Tutti-Frutti-Kleinigkeit

Ergibt: 4 Portionen

ZUTATEN:
- ½ Grapefruit
- 1 Orange
- 1 Tasse frische Ananas
- 6 Marshmallows
- 6 Maraschino-Kirschen
- ½ Tasse feuchte Kokosraspeln
- 2 Esslöffel Maraschino-Saft
- 3 Eiweiß
- 6 Esslöffel Puderzucker

ANWEISUNGEN:
a) Von der Schale der Grapefruit und der Orange die Segmente entfernen, die Ananas in Scheiben schneiden und die Marshmallows und Kirschen in Achtel schneiden. Marshmallows und Kokosnuss in gemischten Säften einweichen.
b) Eiweiß steif schlagen und den Zucker unterheben.
c) Mit der Früchte-Kokos-Marshmallow-Mischung vermischen. Im Kühlschrankfach einfrieren, bis es fest ist.

24. Napoleon-Kleinigkeit

Ergibt: 10 Portionen

ZUTATEN:
- 17¼-Unzen-Packung gefrorener Blätterteig, aufgetaut
- 1 Packung Instant-Vanillepudding und Kuchenfüllung
- 1½ Tasse Milch
- 12 Unzen geschlagener Belag
- ½ Tasse Sirup mit Schokoladengeschmack

ANWEISUNGEN:
a) Falten Sie den Blätterteig auseinander und legen Sie jedes Blatt auf ein Backblech.
b) Nach Packungsanweisung goldbraun backen.
c) Den Teig abkühlen lassen.
d) In einer großen Schüssel die Puddingmischung und die Milch verrühren, bis sie eingedickt sind.
e) Die Hälfte des geschlagenen Belags unterrühren, bis alles gut vermischt ist.
f) Brechen Sie den abgekühlten Teig in große Stücke und legen Sie ein Drittel davon auf den Boden einer großen Glasschüssel oder Kleinform.
g) Die Hälfte der Puddingmischung darüber geben und mit einem Drittel des Schokoladensirups beträufeln.
h) Wiederholen Sie die Schichten und bedecken Sie sie dann mit dem restlichen zerkleinerten Teig, dem geschlagenen Belag und dem restlichen Schokoladensirup.
i) Vor dem Servieren abdecken und mindestens 2 Stunden kalt stellen.

25. Tropscher Trüffel

Ergibt: 1 Portion

ZUTATEN:
- Drei 12-Unzen-Dosen Kondensmilch
- 4 Tassen Vollmilch
- 1 Tasse plus 2 Esslöffel Zucker
- 6 Leicht geschlagenes Eigelb
- 2 Esslöffel süßer Sherry oder Dessertwein
- 1 Teelöffel Vanille
- 1 Tasse geschnittene Erdbeeren
- 12 Scheiben Day Old Pound Cake oder 24
- Ladyfinger oder 36 Makronen
- 3 Mangos, geschält und in Scheiben geschnitten
- 5 Kiwis, geschält und in Scheiben geschnitten
- 1 Tasse halbierte kernlose rote Weintrauben

ANWEISUNGEN:
a) Milch in einem Topf bei schwacher Hitze erhitzen.
b) 1 Tasse Zucker und Eigelb hinzufügen und langsam verrühren, damit die Eier nicht verklumpen.
c) Unter ständigem Rühren weiterkochen, bis die Mischung sehr dick wird.
d) Nicht kochen lassen, sonst gerinnt es. Sherry und Vanille hinzufügen.
e) Vom Herd nehmen und abkühlen lassen. Beeren mit 2 Esslöffeln Zucker vermischen und beiseite stellen.
f) Eine Trifle-Form mit Kuchenstücken auslegen.
g) Gießen Sie die Hälfte der abgekühlten Vanillesoße über den Kuchen und fügen Sie dann die Hälfte der Früchte, einschließlich Beeren, hinzu.
h) Eine weitere Schicht Kuchen hinzufügen und mit der restlichen Vanillesoße und den Früchten belegen.
i) Bis zum Servieren kühl stellen. Bei Bedarf vor dem Servieren noch mehr Sherry über das Trifle streuen.

26. Cadbury-Ei und Oreo-Kleinigkeiten

Macht: 4

ZUTATEN:
- 3,4-Unzen-Schachtel Vanillepudding
- 1 Tasse kalte Milch
- 1 Dose gesüßte Kondensmilch
- 8-Unzen-Wanne Cool Whip, geteilt
- 2 Tassen Milchschokoladenstückchen
- 1 Tasse Sahne
- 3 Tassen gehackte Oreos
- Cadbury-Creme-Eier zum Garnieren

ANWEISUNGEN:
PUDDING ZUBEREITEN:
a) In einer großen Schüssel die Puddingmischung, die Milch und die gesüßte Kondensmilch verrühren. Unter häufigem Rühren 5 Minuten ruhen lassen, bis die Mischung eingedickt ist.
GANACHE ZUBEREITEN:
b) In einem kleinen Topf bei mittlerer Hitze die Sahne auf niedriger Stufe köcheln lassen. Milchschokoladenstückchen in eine mittelgroße Schüssel geben und heiße Sahne darüber gießen. 3 Minuten ruhen lassen und dann verrühren, bis die Schokolade geschmolzen ist und die Mischung glatt ist. Auf Raumtemperatur abkühlen lassen.
Kleinigkeiten zusammenbauen:
c) Geben Sie eine gleichmäßige Schicht gehackte Oreos auf den Boden von 4 großen Einmachgläsern. Eine gleichmäßige Schicht Puddingmischung darauf verteilen, Milchschokoladen-Ganache auf dem Pudding verteilen und Cool Whip darüber geben. Wiederholen Sie den Vorgang, um aus jeder Zutat eine weitere Schicht zu machen.
d) Bis zum Servieren kühl stellen.

27. Haselnussmousse

Ergibt: 10 Portionen

ZUTATEN:

KUCHEN
- 1 Tasse Allzweckmehl
- 1 Tasse Kristallzucker
- ¼ Tasse + 2 Esslöffel ungesüßtes Kakaopulver
- 1 Teelöffel Backpulver
- ½ Teelöffel Backpulver
- ½ Teelöffel Salz
- ½ Tasse heißer Kaffee
- ½ Tasse neutral aromatisiertes Öl
- ½ Tasse Vollmilch oder fettreduzierte Milch
- ½ Teelöffel Vanilleextrakt
- 1 großes Ei

SCHOKOLADEN-HASELNUSS-MOUSSE
- 1 ½ Tassen schwere Schlagsahne, kalt
- ¾ Tasse Schokoladen-Haselnuss-Aufstrich
- Topping-/Garniervorschläge
- Schokoladenspäne
- Schokoladenstreusel
- Ungesüßtes Kakaopulver
- Schlagsahne

ANWEISUNGEN:
KUCHEN VORBEREITEN

a) Heizen Sie den Ofen auf 325 °F vor und stellen Sie eine gefettete quadratische 8-Zoll-Backform oder eine runde 9-Zoll-Backform beiseite.

b) In einer großen Schüssel Allzweckmehl, Zucker, Kakaopulver, Natron, Backpulver und Salz verrühren. Beiseite legen.

c) In einer separaten Schüssel Kaffee, Öl, Milch, Vanille und Ei verquirlen.

d) Flüssige ZUTATEN zur Mehlmischung hinzufügen und verrühren, bis alles gut vermischt ist. Geben Sie den Teig in die vorbereitete Backform und backen Sie ihn etwa 30 bis 40 Minuten lang, bis ein in der Mitte hineingesteckter Zahnstocher sauber herauskommt. 15 Minuten in der Pfanne abkühlen lassen, dann zum vollständigen Abkühlen auf einen Rost legen.

MOUSSE ZUBEREITEN

e) Schlagsahne in einer großen Schüssel bei mittlerer bis hoher Geschwindigkeit schlagen, bis sich steife Spitzen bilden.

f) Den Schokoladen-Haselnuss-Aufstrich dazugeben und vorsichtig unterheben, bis alles gut vermischt ist und keine Streifen mehr vorhanden sind.

g) Falls gewünscht, die Mousse in einen Spritzbeutel füllen.

Kleinigkeiten zusammenbauen

h) Den abgekühlten Kuchen in mundgerechte Stücke schneiden.

i) Die Hälfte der Kuchenstücke auf die Servierplatten verteilen.

j) Die Hälfte der Mousse auf den Kuchen spritzen oder löffeln.

k) Mit restlichem Kuchen und Mousse belegen. Nach Wunsch garnieren.

l) Kleinigkeiten müssen bis zum Servieren gekühlt aufbewahrt werden.

28. Erdbeer-Shortcake-Roll-Eiscreme-Trifle

ZUTATEN:

4 Schachteln Erdbeer-Shortcake-Biskuitrollen
1 LG. Tub Cool Whip, aufgetaut
2 Behälter Erdbeer-Shortcake-Rolleis, weich
1 Glas Erdbeereis-Topping
1 Flasche Erdbeersirup

ANWEISUNGEN:

In einer Servierschüssel in dieser Reihenfolge schichten: Brötchen, Eiscreme, Erdbeer-Topping, Cool Whip und Erdbeersirup. Wiederholen Sie die Schichten und beenden Sie den Vorgang mit einem kühlen Schneebesen und einem Spritzer Sirup darüber. Für 45 Minuten bis 1 Stunde in den Gefrierschrank stellen.

Zum Servieren 5 Minuten vor dem Servieren aus dem Gefrierschrank nehmen und genießen.

29. Kokosnuss-Pudding-Trifle

ZUTATEN:

1,5 kg Milch
5 TL Vanillepuddingpulver
halbe Tasse Fadennudeln
halbe Tasse Zucker
Trockene Nüsse nach Bedarf
Marie-Keks-Pulver
Oreo-Kekspulver
Superkekspulver
Kokosnußpulver

ANWEISUNGEN:

Alle Kekse einzeln zerkleinern und beiseite stellen. (NICHT MISCHEN)

Milch erhitzen, Zucker und Fadennudeln hinzufügen und kochen lassen

Puddingpulver mit einer halben Tasse Milch vermischen und beiseite stellen

Geben Sie nun die Vanillepudding-Mischung in die Fadennudeln und lassen Sie sie kochen, bis sie eindickt

Nun trockene Nüsse dazugeben, gut vermischen und abkühlen lassen

Wenn es abgekühlt ist, gießen Sie die Mischung in eine Servierschüssel und verteilen Sie nun abwechselnd Kokosnusspulver und verschiedene Kekspulver. Machen Sie auch Ihren eigenen Stil und servieren Sie ihn

30. Erdbeermarmelade Creme Fraiche Trifle

ZUTATEN:

7 TL. Erdbeerkonfitüre
500 g Becher cremiger Vanillepudding
300 ml Dose Creme Fraiche
Ungefähr 8 Cupcake-Biskuit
Hunderttausende Süßigkeiten

ANWEISUNGEN:

Geben Sie Erdbeermarmelade auf den Boden eines Behälters, fügen Sie dann Stücke einfachen Biskuitbodens hinzu und drücken Sie sie dann mit den Fingern fest
Fügen Sie den im Laden gekauften Vanillepudding hinzu.
Geben Sie die im Laden gekaufte Creme Fraiche oben auf die Trifle (Sie müssen nicht alles sofort aufbrauchen) und streuen Sie dann Hunderttausende (Süßigkeiten) über die Creme Fraiche.

31. Auf den Kopf gestellte grüne Kleinigkeit

ZUTATEN:
Vanillesoße
2 1/2 Tasse Vollmilch
3 EL Vanillepuddingpulver
1/4 Tasse Milch
4-5 EL Zucker (nach Geschmack)
Einige Tropfen Essenz
1 Tasse Früchte mischen
Gelee
2er-Pack Gelee-Pack mit Bananengeschmack
Wasser nach Bedarf
Eine Handvoll rote Kirschen

ANWEISUNGEN:

Milch im Topf erhitzen und Zucker darin auflösen.
Vanillepuddingpulver und 1/4 Tasse Milch glatt rühren.
Fügen Sie Essenz hinzu. Fügen Sie diese Milch unter ständigem Rühren der warmen Milch hinzu, um Klumpen zu vermeiden, bis der Vanillepudding dick wird.
Probieren Sie auch Zucker. Wenn der Vanillepudding die gewünschte Konsistenz hat.
Schalten Sie die Heizung aus. Lassen Sie es zunächst bei Zimmertemperatur abkühlen.
Gehackte Früchte in eine Schüssel geben.
Den Vanillepudding über die Früchte gießen und einwirken lassen.
Gelee mit Bananengeschmack nach Packungsanleitung zubereiten.
In 4 kleine Glasschüsseln füllen. Lassen Sie es vollständig abkühlen.
Wenn das Gelee vollständig fest geworden ist, etwas Fruchtcreme darüber gießen. Nicht in großen Mengen, gerade genug, um eine Schicht über dem Gelee zu bilden. Bewahren Sie die Schüsseln zum Abkühlen und Festwerden im Kühlschrank auf.
Führen Sie vor dem Servieren ein Messer um die Ränder des Gelee in der Schüssel herum, um die Ränder zu lösen. Stellen Sie dann eine Schüssel mit etwas größerem Durchmesser über die Trifle-Schüssel. Drehen Sie es vorsichtig um, so dass das Trifle in der neuen Schüssel gewendet wird und das Gelee oben übersteht.
Mit roten Kirschen auffüllen und gekühlt servieren.

32. Orangenblüten-Kleinigkeit

ZUTATEN:

2 Orangenmark
1 Tasse Schlagsahne
1/2 Tasse zerbröselter Kuchen
1/2 Tasse Kondensmilch

ANWEISUNGEN:

In einer Schüssel Schlagsahne verquirlen. Orange schälen und das Fruchtfleisch trennen.

In einer Servierschüssel eine Schicht zerbröselten Kuchen verteilen. Dann Schicht Kondensmilch.

Dann das Fruchtfleisch der Orangen aufschichten und mit Schlagsahne bedecken, mit Orangenscheiben dekorieren, im Kühlschrank aufbewahren und gekühlt servieren.

PARFAITS

33. Kürbisparfaits

Macht: 6

ZUTATEN:
- 1 gefrorener Kürbiskuchen
- 2 Tassen Sahne
- ¾ Tasse Ahornsirup, geteilter Zuckermais zum Garnieren

ANWEISUNGEN:

a) Kuchen nach Packungsanleitung backen. Mindestens 2 Stunden abkühlen lassen.

b) Schneiden Sie den Kuchen in 6 oder 8 Scheiben und schneiden Sie dann jede Scheibe in etwa 12 Stücke.

c) Schlagen Sie in einer großen Schüssel Sahne und ¼ Tasse Ahornsirup, bis sich steife Spitzen bilden.

d) Ein Drittel der Schlagsahnemischung gleichmäßig auf 6 bis 8 Parfaitgläser verteilen. Die Hälfte der Tortenstücke über die Sahne schichten. Mit ¼ Tasse des restlichen Ahornsirups beträufeln und die Schichten wiederholen.

e) Mit der restlichen Schlagsahnemischung belegen und vor dem Servieren mindestens 1 Stunde kalt stellen. Kurz vor dem Servieren mit Zuckermais garnieren.

34. Rohparfait mit Spirulinamilch

Macht: 1

ZUTATEN:
TROCKEN
- ½ Tasse Hafer
- 1 Esslöffel Apfel, getrocknet
- 1 Esslöffel Mandeln, aktiviert
- 1 Esslöffel süße Kakaonibs
- 1 Esslöffel Aprikosen, getrocknet, fein gehackt
- ½ Teelöffel Vanillepulver
- 1 Esslöffel Maca-Pulver

FLÜSSIG
- 1 Tasse Cashewmilch
- 1 Esslöffel Spirulina-Pulver
- 2 Esslöffel Kürbiskerne, gemahlen

ANWEISUNGEN:
a) Haferflocken, Äpfel, Mandeln und Aprikosen in ein Einmachglas geben, schichten und mit Kakaonibs belegen.

b) Anschließend Cashewmilch, Spirulina und Kürbiskerne in einen Mixer geben und eine Minute lang auf höchster Stufe mixen.

c) Die fertige Milch über die trockenen ZUTATEN gießen und genießen.

35. Creme de Menthe Parfait

Ergibt: 6 Portionen

ZUTATEN:
- 3 Tassen Miniatur-Marshmallows
- ½ Tasse Milch
- 2 Esslöffel grüne Crème de Menthe
- 1 Tasse halbsüße Schokoladenstückchen
- ¼ Tasse Puderzucker
- 1½ Tasse Schlagsahne
- Bonbon-Minzblätter ODER frische Minze

ANWEISUNGEN:
a) In einem mittelgroßen Topf Marshmallows und Milch vermischen. Bei schwacher Hitze unter ständigem Rühren kochen, bis die Marshmallows geschmolzen sind und die Mischung glatt ist.
b) Gießen Sie 1 Tasse der Marshmallow-Mischung in eine kleine Schüssel. Crème de Menthe einrühren und beiseite stellen.
c) Fügen Sie der im Topf verbleibenden Marshmallow-Mischung Schokoladenstückchen und Puderzucker hinzu. Stellen Sie den Topf wieder auf niedrige Hitze und rühren Sie ständig um, bis die Chips geschmolzen sind. Vom Herd nehmen und auf Raumtemperatur abkühlen lassen.
d) Schlagsahne in einer großen Schüssel steif schlagen und 1 ½ Tassen unter die Minzmischung heben. Die restliche Schlagsahne unter die Schokoladenmasse heben.
e) Abwechselnd Schokoladen- und Minzmischung in Parfaitgläser füllen.
f) Kühl stellen, bis es kalt ist, oder in den Gefrierschrank stellen, bis es fest ist. Nach Wunsch garnieren.

36. Blaubeer-Granatapfel-Frühstücksparfait

Macht: 1

ZUTATEN:
- Einfacher fettfreier griechischer Joghurt
- Honig
- Blaubeeren
- Granatapfelsamen
- Granola

ANWEISUNGEN:
a) Wenn Sie möchten, dass der Honig von außen durchscheint, träufeln Sie ein wenig Honig in die Tasse oder Schüssel, in der Sie die Parfaits servieren.
b) Einen Löffel Joghurt hinzufügen und mit ein paar Blaubeeren, Granatapfelkernen und einem Löffel Müsli belegen.
c) Fügen Sie einen weiteren Löffel Joghurt hinzu, geben Sie einen weiteren Schuss Honig darauf und schichten Sie weitere Blaubeeren, Granatapfelkerne und Müsli darüber. Sie können so viele Schichten wie nötig auftragen, um Ihre Servierschale zu füllen.
d) Sofort servieren oder bis zum Verzehr kalt aufbewahren.

37. Mango-Rum-Parfait

Macht: 6

ZUTATEN:
- 3 Leinsamenei
- ¾ Tasse Kristallzucker
- ¼ Tasse plus 2 Esslöffel Maisstärke
- ¼ gehäufter Teelöffel Salz
- 3½ Tassen pflanzliche Milch
- 1 Esslöffel pflanzliche Butter
- 1 Esslöffel Vanilleextrakt
- 1 Esslöffel gewürzter Rum
- ½ Tasse kalte Cashewcreme
- 2 Esslöffel Puderzucker
- 2 Tassen zerbrochene Shortbread-Kekse
- 3 große reife Mangos, in Scheiben geschnitten

ANWEISUNGEN

a) In einem mittelgroßen Topf bei mittlerer Hitze Leinsameneier, Kristallzucker, Maisstärke und Salz verquirlen.

b) Zum Kochen bringen, dann die Milch hinzufügen und unter häufigem Rühren 5 bis 8 Minuten kochen lassen.

c) Wenn es zu sprudeln beginnt, reduzieren Sie die Hitze auf eine niedrige Stufe und lassen Sie unter häufigem Rühren weiter köcheln, bis die Mischung etwa 2 Minuten lang eindickt

d) Vom Herd nehmen und Vanille, pflanzliche Butter und Rum unterrühren.

e) Geben Sie die Mischung in eine neue Schüssel und bedecken Sie die Oberfläche des Puddings mit Frischhaltefolie, um die Bildung eines Films zu verhindern.

f) Bis zum Festwerden einige Stunden im Kühlschrank lagern.

g) Die Sahne in eine Schüssel geben.

h) Schlagen Sie die Sahne gründlich mit einer Küchenmaschine oder einem Elektromixer bei mittlerer bis niedriger Geschwindigkeit auf.

i) Fügen Sie den Puderzucker hinzu und schlagen Sie die Sahne, bis sich glatte, mittelfeste Spitzen bilden. Mischen Sie die Zutaten nicht zu stark.

j) In jedes der 6 Parfaitgläser einen großzügigen Klecks der Puddingmischung geben. Legen Sie eine Schicht Keksstücke darauf, gefolgt von einer Schicht Mangoscheiben.

k) Streuen Sie einige der zerbröckelten Keksstücke darüber.

38. Joghurtparfait mit Microgreens

Macht: 1

ZUTATEN:
- ½ Tasse Naturjoghurt oder Vanillejoghurt
- ½ Tasse Brombeeren
- ¼ Tasse Müsli
- 1 Teelöffel einheimischer Honig
- eine Prise Ringelblumen-Microgreens

ANWEISUNGEN:
a) In einen Parfaitbecher den Joghurt und die Beeren schichten.
b) Zum Schluss einen Spritzer Honig aus der Region, Müsli, eine Prise Ringelblumen-Microgreens und eine letzte Beere hinzufügen!

39. Bananen-, Müsli- und Beerenparfaits

Macht: 2

ZUTATEN:
- 1 Esslöffel Puderzucker
- ¼ Tasse fettarmes Müsli
- 1 Tasse geschnittene Erdbeeren
- 1 Banane
- 12 Unzen fettfreier griechischer Ananasjoghurt
- 2 Teelöffel heißes Wasser
- 1 Esslöffel Kakao, ungesüßt

ANWEISUNGEN:

a) ⅓ Tasse Joghurt, ¼ Tasse geschnittene Erdbeeren, ¼ Tasse geschnittene Bananen und 1 Esslöffel Müsli in ein Parfaitglas schichten.

b) Kakao, Puderzucker und Wasser glatt rühren.

c) Über jedes Parfait träufeln.

40. Bananen- und Beerenparfaits

Macht: 2

ZUTATEN:
- 12 Unzen fettfreier griechischer Ananasjoghurt
- 1 Tasse geschnittene Erdbeeren ODER 1 Tasse gemischte Beeren
- 1 Banane
- ¼ Tasse fettarmes Müsli
- 1 Esslöffel Kakao, ungesüßt
- 1 Esslöffel Puderzucker
- 2 Teelöffel heißes Wasser

ANWEISUNGEN:
a) Um die Parfaits zuzubereiten, geben Sie etwa 13 Tassen Joghurt, 14 Tassen geschnittene Erdbeeren, 14 Tassen geschnittene Bananen und 1 Esslöffel Müsli in eine kleine Schüssel.
b) Kakao, Puderzucker und kochendes Wasser in einer kleinen Tasse glatt rühren.
c) 1 Teelöffel Dressing über jedes Parfait träufeln.

41. Beeren-Frühstücksparfait

Macht: 4

ZUTATEN:
- 1½ Tassen fettarmer Naturjoghurt
- 3 Esslöffel Honig
- 1½ Tassen Müsli-Frühstücksflocken oder natriumarmes, fettarmes Müsli
- 1½ Tassen gemischte frische Beeren

ANWEISUNGEN:
a) Stellen Sie vier Parfaitgläser, 8-Unzen-Einmachgläser oder andere 8-Unzen-Gläser bereit.
b) In einer kleinen Rührschüssel Joghurt und Honig vermischen und gut verrühren.
c) Geben Sie 2 Esslöffel der Joghurtmischung auf den Boden jedes Glases oder Gefäßes. Geben Sie 2 Esslöffel Müsli und dann 2 Esslöffel Obst darauf. Wiederholen, bis alle Zutaten verbraucht sind.
d) Sofort servieren oder die Parfaits abgedeckt bis zu 2 Stunden im Kühlschrank lagern.

42. Obstparfaitsalat

Ergibt: 3 Portionen

ZUTATEN:
- 1 große Dose zerkleinerte Ananas
- 1 Dose Kirschkuchenfüllung
- 1 Dose Kondensmilch
- 1 großer Karton Cool Whip

ANWEISUNGEN:
a) In ein Parfaitglas geben.
b) Genießen.

43. Haselnussparfait-Glasur

Ergibt: 8 Portionen

ZUTATEN:
- 6 Eigelb
- 150 Milliliter Zuckersirup
- 3 Teelöffel Instantkaffee, aufgelöst
- 12 getrocknete Feigen
- 12 Pflaumen
- 1 Zitrone, entsaftet und abgerieben
- 1 Orange, entsaftet und geschält
- 30 Haselnüsse
- 150 Gramm Zucker
- 2 Esslöffel kochendes Wasser
- 100 Gramm Haselnougat, leicht geschmolzen
- 600 Milliliter eingedickte Sahne, steif geschlagen
- 4 Nelken
- 8 gebrochene Pfefferkörner
- 1 Vanilleschote, gespalten, entkernt
- Ein paar Tropfen Zitronensaft
- Wasser

ANWEISUNGEN:

a) Die Glasur: Eigelb und 150 ml Sirup schaumig schlagen. Bei schwacher Hitze erhitzen und schlagen, bis eine dicke Masse entsteht. Nun auf Eis legen und kalt schlagen, dabei die Kaffeeessenz hinzufügen. Den geschmolzenen Nougat und zuletzt die Sahne unterheben. In eine Kastenform füllen und einfrieren.

b) Winterfruchtsalat: Die Früchte mit kochendem Wasser bedecken, damit sie quellen. Den abgesiebten Zitronen- und Orangensaft zusammen mit der Vanilleschote zum zurückbehaltenen Zuckersirup geben. Zitronen- und Orangenschale, Nelken und Pfefferkörner in einen Musselinbeutel binden und zum Sirup geben.

c) Zum Kochen bringen und die Süße mit etwas mehr Wasser anpassen. 20 Minuten kochen lassen. Die abgetropften Feigen und Pflaumen hinzufügen und weitere 20 Minuten köcheln lassen. Abkühlen lassen.

44. Beeren-Narr

Ergibt: 6 Portionen

ZUTATEN:
- 12-Unzen-Packung Himbeeren
- ¼ Tasse plus 1 Esslöffel Zucker, geteilt
- 1 Tasse schwere Schlagsahne

ANWEISUNGEN:
a) In einem Mixer oder einer Küchenmaschine Himbeeren oder Erdbeeren mit ¼ Tasse Zucker vermischen. So lange verarbeiten, bis die Beeren püriert sind, dabei bei Bedarf den Rand abkratzen.
b) In einer großen Schüssel Sahne mit einem Mixer schlagen, bis sich weiche Spitzen bilden. Fügen Sie den restlichen 1 Esslöffel Zucker hinzu und schlagen Sie weiter, bis sich steife Spitzen bilden.
c) Mit einem Gummispatel vorsichtig das Himbeerpüree unterheben, so dass einige Streifen weißer Schlagsahne übrig bleiben. In vier einzelne Parfaitgläser füllen. 2 Stunden im Kühlschrank lagern und dann servieren.

45. Kürbisparfaits

Macht: 6

ZUTATEN:
- 9 Zoll großer gefrorener Kürbiskuchen
- 2 Tassen Sahne
- ¾ Tasse Ahornsirup, geteilt
- Zuckermais zum Garnieren

ANWEISUNGEN:
a) Kuchen nach Packungsanleitung backen. Mindestens 2 Stunden abkühlen lassen.
b) Schneiden Sie den Kuchen in 6 oder 8 Scheiben und schneiden Sie dann jede Scheibe in etwa 12 Stücke.
c) Schlagen Sie in einer großen Schüssel Sahne und ¼ Tasse Ahornsirup, bis sich steife Spitzen bilden.
d) Ein Drittel der Schlagsahnemischung gleichmäßig auf 6 bis 8 Parfaitgläser verteilen. Die Hälfte der Tortenstücke über die Sahne schichten. Mit ¼ Tasse des restlichen Ahornsirups beträufeln und die Schichten wiederholen.
e) Mit der restlichen Schlagsahnemischung belegen und vor dem Servieren mindestens 1 Stunde kalt stellen.
f) Kurz vor dem Servieren mit Zuckermais garnieren.

46. Apfel- und Pflaumenparfait

Ergibt: 6 Portionen

ZUTATEN:
- 3 große, reife süße Pflaumen
- 2 Esslöffel Demerara-Zucker
- 4 Esslöffel Wasser
- 2 süße Äpfel
- 1 Tasse Kristallzucker
- Saft und fein abgeriebene Schale einer halben Zitrone
- 5 Eigelb
- ½ Tasse plus 2 Esslöffel Sahne

ANWEISUNGEN:

a) Die Pflaumen entkernen, grob hacken und mit dem Demerara-Zucker und Wasser in einen kleinen Topf geben. Leicht köcheln lassen, bis die Pflaumen weich sind, aber nicht auseinanderfallen.

b) Die Hälfte der Pflaumen zum Abkühlen beiseite stellen und dann die geschälten, entkernten und geriebenen Äpfel in den Topf geben. Kochen Sie weiter, bis die Früchte weich genug zum Pürieren oder Pürieren sind. Vollständig abkühlen lassen.

c) Den Kristallzucker mit dem Zitronensaft in einem weiteren kleinen Topf langsam erhitzen, bis sich der Zucker aufgelöst hat. 2 bis 3 Minuten kochen lassen, dann vom Herd nehmen. Das Eigelb in einer großen Schüssel verquirlen, bis sich das Volumen verdoppelt hat. Dann langsam den Zitronenzuckersirup und die Zitronenschale einrühren und weiter schlagen, bis eine dicke und cremige Masse entsteht. Vollständig abkühlen lassen.

d) Wenn sowohl das Fruchtpüree als auch die Eimischung abgekühlt sind, schlagen Sie die Sahne, bis sich Spitzen bilden. Zuerst die Fruchtmischung und dann die Schlagsahne vorsichtig unter die verquirlten Eigelbe heben. In einen kleinen Tiefkühlbehälter geben und einfrieren, bis die Seiten gefroren sind.

e) Mit einer Gabel glatt schlagen und dann einfrieren, bis es fest, aber nicht hart ist.

f) Zum Servieren einen Löffel der beiseite gestellten gekochten Pflaumen auf den Boden gekühlter Gläser geben, ein paar Kugeln Parfait hinzufügen und mit weiteren Pflaumen belegen. Sofort servieren oder kurz kalt stellen.

47. Apfelkuchen-Quinoa-Parfait

Ergibt: 6 Portionen

ZUTATEN:
- 1 Tasse griechischer Joghurt
- 1 Apfel, gehackt
- ¼ Tasse trockene Quinoa
- ½ Esslöffel Zimt
- ½ Teelöffel Muskatnuss
- ½ Teelöffel Salz
- 1 Esslöffel brauner Zucker

ANWEISUNGEN:
a) Ofen auf 375 vorheizen.
b) Gehackten Apfel, braunen Zucker, ¼ Esslöffel Zimt, ¼ Teelöffel Muskatnuss und ¼ Teelöffel Salz in einer ofenfesten Form vermischen.
c) Äpfel ca. 15–20 Minuten rösten, bis sie weich und karamellisiert sind.
d) Trockenes Quinoa mit dem restlichen Zimt, Muskatnuss und Salz vermischen.
e) Nach Anleitung kochen.
f) Wenn Äpfel und Quinoa abgekühlt sind, schichten Sie sie in ein Glas mit griechischem Joghurt.
g) Nach Belieben Joghurt mit Zimt und Honig als Topping vermischen.

48. **Amaretto-Fruchtparfait**

Ergibt: 1 Portion

ZUTATEN:
- Frische Fruchtstücke oder ganze Beeren
- ¼ Teelöffel Amaretto
- Gekühltes, prickelndes Mineralwasser

ANWEISUNGEN:

a) Geben Sie frische Obststücke oder ganze Beeren in langstielige Weingläser.

b) Nach Belieben mit ¼ Teelöffel Amaretto bestreuen und die Früchte dann mit gekühltem Mineralwasser bedecken.

49. **Bananencremeparfait**

Ergibt: 4 Portionen

ZUTATEN:
- 3 ½-Unzen-Packung Bananen-Instant-Puddingmischung
- 2 Tassen kalte Milch
- ½ Tasse Graham-Cracker-Krümel
- 2 Bananen, in Scheiben geschnitten
- Schlagsahne
- 4 Maraschino-Kirschen

ANWEISUNGEN:
a) Bereiten Sie den Pudding nach Packungsanweisung mit 2 Tassen kalter Milch zu.
b) Streuen Sie 1 Esslöffel Graham-Cracker-Krümel in jedes der vier Dessertgläser.
c) Die Krümel mit ¼ Tasse zubereitetem Pudding und der Hälfte der Bananenscheiben belegen.
d) Wiederholen Sie die Schichten aus Krümeln, Pudding und Bananenscheiben.
e) Belegen Sie jedes Dessert mit einem Klecks Schlagsahne und garnieren Sie es nach Belieben mit einer Kirsche.

50. Schwarzwälder Parfait

Ergibt: 6 Portionen

ZUTATEN:
- 3 Unzen Neufchatel-Frischkäse
- 2 Tassen kalte Magermilch
- 3-Unzen-Packung zuckerfreier Instant-Schokoladenpudding von Jell-O
- 1 Esslöffel Maisstärke
- ⅓ Tasse Kirschsaft
- 1 Dose rote Sauerkirschen ohne Kern
- 1 Pfund Wasser
- 6 Packungen Gleicher Süßstoff

ANWEISUNGEN:
a) Frischkäse mit ¼ Tasse Milch bei niedriger Geschwindigkeit eines Elektromixers verrühren, bis eine glatte Masse entsteht. Restliche Milch und Puddingmischung hinzufügen. 1 oder 2 Minuten lang verrühren, bis eine glatte Masse entsteht.
b) Maisstärke mit Kirschsaft vermischen, bis sie sich aufgelöst hat. Zu den Kirschen geben und 1 Minute kochen lassen, bis es kocht.
c) Vom Herd nehmen und gleich unterrühren.
d) Abwechselnd Pudding und Kirschen in die Parfaitform geben und mit dem Pudding abschließen. Mit 2 Kirschen garnieren.

51. Cappuccino-Parfait

Ergibt: 6 Portionen

ZUTATEN:
- 1 Teelöffel Instantkaffee
- ¼ Teelöffel Wasser
- 1 Tasse aufgetauter Schlagsahne-Topping
- 1 Packung zuckerfreier Instant-Pudding und Kuchenfüllung mit Schokoladen- oder Vanillegeschmack der Marke JELL-O
- 2 % fettarme Milch

ANWEISUNGEN:
a) Kaffee in Wasser auflösen.
b) Unter den aufgetauten Schlagsahne rühren.
c) Bereiten Sie die JELL-O Pie-Füllung wie angegeben mit 2 % fettarmer Milch zu.
d) 5 Minuten stehen lassen.
e) Abwechselnd Pudding und Schlagsahne in 6 Dessertgläser füllen.
f) Bis zum Servieren kühl stellen.

52. Champagner- und Orangensaftparfaits

Ergibt: 8 Portionen

ZUTATEN:
- 2 Tassen Champagner oder prickelnder Weißwein
- 2 Tassen Orangensaft
- ⅓ Tasse Kristallzucker
- 2 Esslöffel flüssiger Honig
- 2 Esslöffel geschmacksneutrale Gelatine
- ¼ Tasse kaltes Wasser
- 4 Orangen
- 2 Tassen Erdbeeren
- 8 Zweige Minze

ANWEISUNGEN:

e) In einem Topf Champagner, Orangensaft, Zucker und Honig unter Rühren leicht erwärmen. In der Zwischenzeit in einem kleinen Topf Gelatine über kaltes Wasser streuen und 5 Minuten stehen lassen. Bei mittlerer bis niedriger Hitze erwärmen, bis es gerade geschmolzen ist, und die Orangensaftmischung unterrühren. 1 Minute köcheln lassen. Lassen Sie es nicht kochen.

f) Teilen Sie etwa eine halbe Tasse auf acht 1-Tassen-Martini- oder Weithalsgläser auf.

g) Etwa 2 Stunden lang oder bis es fest ist im Kühlschrank lagern. Gießen Sie die restliche Mischung in eine große Schüssel und lassen Sie sie 1 Stunde lang bei Raumtemperatur stehen, bis die Konsistenz von Eiweiß erreicht ist.

h) Schneiden Sie in der Zwischenzeit Schale und Mark von den Orangen ab und schneiden Sie zwischen Membran und Fruchtfleisch, um Abschnitte freizugeben. In eine Schüssel geben. 8 Erdbeeren zum Garnieren aufbewahren, die restlichen Beeren vierteln und zu den Orangen geben. Gelatine in Gläsern verteilen.

i) Die restliche Orangensaftmischung mit einem Handmixer schaumig und hell schlagen und auf Gläser verteilen.

j) Etwa 1 Stunde oder bis zum Festwerden oder bis zu 24 Stunden im Kühlschrank lagern. Jeweils mit einem reservierten Erdbeer- und Minzzweig belegen.

53. Kaffee-Toffee-Parfaits

Ergibt: 6 Portionen

ZUTATEN:
- 3 Tassen Kaffee-Eismilch

TOFFEE CRUNCH
- 6 Esslöffel gefrorener, kalorienreduzierter Schlagsahne, aufgetaut
- ½ Tasse fester, dunkelbrauner Zucker
- ¼ Tasse gehobelte Mandeln
- 2 Teelöffel Stangenmargarine, weich
- Gemüse-Kochspray

ANWEISUNGEN:

a) Geben Sie ¼ Tasse Kaffee-Eismilch in jedes der 6 Parfaitgläser und bedecken Sie jedes mit 2 Esslöffeln Toffee Crunch.

b) Wiederholen Sie die Schichten und belegen Sie jedes Parfait mit 1 Esslöffel Schlagsahne. Bis zum Servieren einfrieren. Ergibt: 6 Portionen.

FÜR TOFFEE-CRUNCH:

c) Zucker, Mandeln und Margarine in einer Küchenmaschine vermischen und zehnmal zerkleinern, bis die Nüsse fein gehackt sind. Drücken Sie die Mischung in einen 7-Zoll-Kreis auf einem mit Kochspray beschichteten Backblech.

d) 1 Minute braten, bis es Blasen bildet, aber nicht anbrennt. Aus dem Ofen nehmen und 5 Minuten ruhen lassen. Drehen Sie das Toffee vorsichtig mit einem breiten Spatel um und lassen Sie es eine weitere Minute lang braten.

e) Aus dem Ofen nehmen und abkühlen lassen. Brechen Sie die Toffee-Mischung in ½-Zoll-Stücke.

54. Eierlikör-Parfait-Kuchen

Ergibt: 6 Portionen

ZUTATEN:
- 1 Packung Gelatine mit Zitronengeschmack
- 1 Tasse heißes Wasser
- 1 Pint Vanilleeis
- ¼ Teelöffel Muskatnuss
- ¾ Teelöffel Rumaroma
- 2 gut geschlagene Eigelb
- 2 steif geschlagenes Eiweiß
- 4 bis 6 gebackene Blätterteig-Törtchen
- Schlagsahne-Bonbondekoretten

ANWEISUNGEN:
a) Gelatine in heißem Wasser auflösen.
b) Eis in 6 Stücke schneiden, zur Gelatine geben und rühren, bis es geschmolzen ist. Kühlen, bis es teilweise fest ist.
c) Muskatnuss und Aroma hinzufügen.
d) Eigelb einrühren und Eiweiß unterheben.
e) In abgekühlte Tortenböden füllen und kalt stellen, bis sie fest sind.
f) Mit Schlagsahne belegen und mit Bonbondekoretten bestreuen.

55. Gefrorenes Lakritz- und Johannisbeerparfait

Ergibt: 1 Portion

ZUTATEN:
- 5 Eigelb
- 120 Gramm Puderzucker
- 400 ml Doppelcreme
- 1 Blatt Gelatine, in kaltem Wasser eingeweicht
- 8 Dariole-Formen
- 250 Gramm schwarze Johannisbeeren
- 100 Gramm Puderzucker
- 150 Gramm gehackte Lakritzstangen
- ½ Pint Wasser

ANWEISUNGEN:

a) In einer kleinen Pfanne das Lakritz bei schwacher Hitze in einem halben Liter Wasser auflösen.

b) Das eingeweichte Gelatineblatt dazugeben, durch ein feines Sieb passieren und beiseite stellen. In einem Mixer die schwarzen Johannisbeeren und den Puderzucker pürieren, durch ein feines Sieb passieren und dann beiseite stellen.

c) Den Puderzucker und das Wasser in einen Topf geben und zum Kochen bringen.

d) Reduzieren Sie die Hitze und köcheln Sie. Lassen Sie den Zucker mithilfe eines Zuckerthermometers das Marmeladenstadium erreichen.

e) Geben Sie das Eigelb in einen Mixer und beginnen Sie zu verquirlen.

f) Sobald sie locker werden, den heißen Zuckersirup hinzufügen und verrühren, bis sie abgekühlt sind.

g) In einer anderen Schüssel die Sahne aufschlagen, bis eine dicke Konsistenz entsteht.

h) ⅔ der schwarzen Johannisbeersauce dazugeben und vorsichtig unterheben.

i) Die kühle Eiermischung dazugeben und unterheben.

j) Zum Schluss den Lakritzsirup darüberträufeln und unterheben.

k) In Formen füllen und 12 Stunden einfrieren.

l) Zum Servieren die Förmchen in heißes Wasser tauchen und die Parfaits auf einem Teller ausschütten.

m) Mit der restlichen schwarzen Johannisbeersauce servieren.

56. Ingwer-Rhabarber-Parfaits

Ergibt: 4 Portionen

ZUTATEN:
- 3 Tassen gehackter frischer Rhabarber oder
- 12 Unzen gefrorener, gehackter Rhabarber, aufgetaut
- ¾ Tasse fest verpackter brauner Zucker
- ¼ Tasse Orangensaft
- 2 Esslöffel gehackter kristallisierter Ingwer
- 2 Tassen fettfreier gefrorener Vanillejoghurt
- Frische Minzzweige
- Gesplitterter kristallisierter Ingwer

ANWEISUNGEN:
a) Die ersten 4 ZUTATEN in einen mittelgroßen Topf geben und gut umrühren.
b) Bei mittlerer bis hoher Hitze zum Kochen bringen, Hitze reduzieren und ohne Deckel 4 Minuten köcheln lassen, bis der Rhabarber weich ist.
c) Rhabarbermischung in eine Küchenmaschine geben, glatt rühren und abkühlen lassen.

57. Eisgekühltes Mohnparfait

Ergibt: 1 Portion

ZUTATEN:
- 6 0 g Mohn
- 125 ml Milch
- 375 ml Doppelcreme
- 4 Eigelb
- 2 Eier
- 100 Gramm Puderzucker
- Eis

ANWEISUNGEN:
a) Den Mohn in der Milch köcheln lassen, bis er eingekocht ist.
b) Eigelb, ganze Eier und Zucker über kochendem Wasser vermischen und verrühren, bis die Mischung eine Baiser-ähnliche Konsistenz hat. Den Mohn hinzufügen.
c) Vom Herd nehmen und in eine Pfanne mit Eis stellen.
d) Die Sahne verquirlen und vorsichtig zur kochenden Eiermischung geben.
e) In eine Terrine oder Form füllen und mindestens 6 Stunden einfrieren.

58. Birnen-Chia-Pistazien-Frühstücksparfait-Gläser

Macht: 2

ZUTATEN:

BIRNEN-CHIA-PUDDING:
- ¼ Tasse Birnenpüree
- ⅓ Tasse ungesüßte Vanille- oder Mandelmilch
- 3 Esslöffel Chiasamen
- Birnen-Avocado-Pudding:
- 1 reife Avocado
- 1-2 Teelöffel Honig oder Kokosnektar, je nach gewünschter Süße
- 2 Esslöffel Birnenpüree

ÜBRIGE SCHICHTEN & VERZIERUNGEN:
- ½ Tasse Ihres Lieblingsmüsli
- ½ Tasse Kokosnussjoghurt oder griechischer Vanillejoghurt
- ¼ Tasse gehackte frische Birne
- 2 Esslöffel gehackte Pistazien
- 2 Teelöffel Honig oder Kokosnektar

ANWEISUNGEN

a) Beginnen Sie mit der Zubereitung des Birnen-Chia-Puddings, indem Sie alle Zutaten in eine Schüssel geben, vermischen, bis alles gut vermischt ist, und dann 15–20 Minuten im Kühlschrank ruhen lassen, damit es eindickt.

b) Als nächstes bereiten Sie den Avocado-Birnen-Pudding zu, indem Sie alle Zutaten in eine kleine Küchenmaschine oder ein Baby-Bullet geben und zerkleinern, bis die Mischung glatt ist. Testen Sie den Geschmack und fügen Sie mehr Honig/Kokosnektar hinzu, wenn Sie den Avocado-Pudding lieber süßer mögen.

c) Sobald der Chia-Pudding eingedickt ist, rühren Sie ihn noch einmal um und Sie können alle Zutaten schichten.

d) Teilen Sie Müsli, Joghurt, Chia-Pudding und Avocado-Pudding in zwei 8-Unzen-Gläsern auf und schichten Sie diese in beliebiger Anordnung zwischen den beiden Gläsern.

e) Zum Schluss jedes Glas mit 2 Esslöffeln gehackten frischen Birnen und 1 Esslöffel gehackten Pistazien belegen und dann jedes Glas mit 1 Teelöffel Honig oder Kokosnussnektar beträufeln.

59. Orangen-Ananas-Oreo-Parfait

Ergibt: 4 Portionen

ZUTATEN:
- 2 Orangen, geschält und in Scheiben geschnitten
- 1 Tasse Ananasstücke aus der Dose
- 1 Teelöffel geriebene Ingwerwurzel
- Minzblätter zum Garnieren
- 4 Oreos-Kekse

ANWEISUNGEN:
p) In einer kleinen Schüssel Orangen, Ananas und Ingwer vermischen; Zum Überziehen werfen.
q) Auf vier Parfaitgläser verteilen.
r) Mit Minze garnieren und mit Oreos servieren.

60. Oreo-Kirsch-Schokoladencreme-Parfaits

Ergibt: 1 Portionen

ZUTATEN:
1 Packung (4 Portionen) Kirschgelatine
1 Tasse kochendes Wasser
1 Tasse kaltes Wasser
7 mit Fudge überzogene Oreo-Schokoladen-Sandwichkekse; geteilt
1½ Tasse Vorbereiteter, geschlagener Belag

Gelatine in kochendem Wasser auflösen; kaltes Wasser einrühren. In eine 8 x 8 x 2 Zoll große Backform gießen. Kühlen, bis es fest ist. 5 Kekse grob hacken; Unter den geschlagenen Belag heben. Gelatine in Würfel schneiden.
Die Hälfte der Gelatinewürfel in 4 Parfaitgläser geben; Mit der Hälfte der geschlagenen Topping-Mischung belegen. Wiederholen Sie die Schichten. Bis zum Servieren kalt stellen. Restliche Kekse halbieren; zum Garnieren von Parfaits verwenden.

61. Avocado-Oreo-Parfait

Ergibt: 1 Portion

ZUTATEN:
- 1 Avocado
- 1 Päckchen Oreos
- 1/2 Tasse Hafer
- 1 Tasse Naturjoghurt

ANWEISUNGEN:
a) Avocado in kleine, mundgerechte Stücke schneiden
b) Geben Sie die Avocados auf den Boden des Glases. Haferflocken hinzufügen und leicht andrücken, um eine flache, gleichmäßige Schicht zu bilden. Den Naturjoghurt über die Haferflocken gießen. Zerkleinerte Oreos hinzufügen
c) Mit noch mehr gehackter Avocado und einer Prise Haferflocken garnieren
d) Genießen.

62. Blaubeer-Granola-Parfait

ZUTATEN:
1/2 Glas Joghurt
1/2 Tasse Müsli
3 Teelöffel Blaubeersirup
Ein paar Blaubeeren zum Garnieren

ANWEISUNGEN:
Etwas Sirup oder Honig, Joghurt, Müsli und die Blaubeeren nach Belieben in ein Glas schichten.
Genießen Sie Ihr köstliches Parfait!

63. Rotes Samtparfait

ZUTATEN:

- Stücke Roter Samtkuchen
- 200 ml Joghurt (Geschmack nach Wahl)

ANWEISUNGEN:

Geben Sie 3 EL Joghurt in ein Glas und geben Sie einige Kuchenstücke hinein.

Geben Sie etwas Joghurt auf die Kuchenstücke und wiederholen Sie den Vorgang, bis das Glas voll ist.

Garnieren und genießen.

64. Bananen-Ingwer-Keks-Parfait

ZUTATEN:
1/2 kleines Glas Erdbeerjoghurt
1/2 kleines Glas Vanillejoghurt
10 Stück Ingwerkekse
3 große Bananen

ANWEISUNGEN:
Geben Sie in ein Glas die Kekskrümel auf den Boden des Glases (zerdrücken Sie Ihre 8 Kekse...) und drücken Sie die Krümel so zusammen, dass sie den Joghurt festhalten.
Dann Erdbeerjoghurt dazugeben...Keksbrösel dazugeben...Bananen in runde Formen schneiden und auf den Bröseln anrichten...
Den Vanillejoghurt über die Bananen geben.
Wechseln Sie die Zutaten ab, bis Sie fertig sind.

65. Orangen-Müsli-Parfait

ZUTATEN:
- Eine halbe Orange
- 3-4 EL. Müsli
- Einige Müslikekse
- 250 g griechischer Joghurt

ANWEISUNGEN:

a) In ein Glas oder eine Schüssel 2-3 EL geben. Geben Sie etwas griechischen Joghurt hinein, fügen Sie die Müslikekse hinzu, fügen Sie dann die gewürfelten oder geschnittenen Orangen und dann das Müsli hinzu.

b) Geben Sie nun erneut den Joghurt hinzu und wiederholen Sie den Vorgang, bis Ihr gewünschtes Glas/Schüssel voll ist.

66. Thunfischparfait mit Gazpacho

Ergibt: 6 Portionen

ZUTATEN:
- 1 Pfund Thunfischsteak
- 2 Esslöffel Olivenöl
- 1 Salz; schmecken
- 1 frisch gemahlener schwarzer Pfeffer; schmecken
- ½ einfache Gazpacho
- 1 Gazpacho-Relish
- ½ Tasse gepflückte Korianderblätter
- 1 Limettenspalte
- ¼ Tasse gewürzte saure Sahne

a) Das Thunfischsteak in kleine Würfel schneiden. Mit dem Olivenöl sowie Salz und Pfeffer vermengen.

b) Füllen Sie den Boden jedes Parfaitglases mit 1 Esslöffel Gazpacho.

c) Mit 2 EL gewürfeltem Thunfisch belegen, mit 1 EL Relish belegen und weitermachen, bis die Gläser voll sind.

d) Mit den gepflückten Korianderblättern, Limettenspalten, einem Klecks Sauerrahm und einem Crouton belegen.

67. Thunfisch-Kaviar-Parfait

Ergibt: 1 Portionen

ZUTATEN:
- 4 Unzen frischer Ahi-Thunfisch; fein gewürfelt
- 2 Spritzer Tabasco-Pfeffersauce
- 1 Esslöffel fein gehackter Schnittlauch
- 1 Teelöffel Olivenöl
- Salz und Pfeffer nach Geschmack
- 2 Unzen Wasabi-Tobiko und/oder Kaviar
- 1 Esslöffel Schlagsahne; ungesüßt
- 8 Schnittlauch

In einer gut gekühlten Schüssel Thunfisch, Tabasco-Pfeffersauce, Schnittlauch, Olivenöl sowie Salz und Pfeffer vermischen. In einem Parfaitglas abwechselnd Thunfischmischung, Wasabi-Tobiko und Kaviar schichten. Mit Schlagsahne und zwei Schnittlauchröllchen belegen.

68. Schweizer Frühstücksparfait

Ergibt: 4 Portionen

ZUTATEN:
- 1 Tasse Quäkerhafer, ungekocht (schnell oder altmodisch)
- 16 Unzen Vanillejoghurt fettfrei oder fettarm
- 8 Unzen zerkleinerte Ananas im Saft, nicht abgetropft
- 2 Esslöffel gehobelte Mandeln (optional)
- 2 Tassen geschnittene Erdbeeren, frisch oder gefroren

a) In einer mittelgroßen Schüssel Haferflocken, Joghurt, Ananas und Mandeln vermengen. gut mischen.
b) Abdecken und über Nacht oder bis zu 4 Tage im Kühlschrank lagern. Zum Servieren Hafermischung und Erdbeeren in 4 Parfaitgläser schichten. Nach Belieben mit weiteren Erdbeeren garnieren. Gekühlt servieren.

69. Pfingstkuchen mit Parfait

Ergibt: 8 Portionen

ZUTATEN:
- 4 Eiweiß
- 75 Gramm süße Mandel
- 1½ Deziliter Zucker
- 75 Gramm dunkle Kochschokolade

PARFAIT
- 125 Gramm helle Kochschokolade
- 2 Esslöffel flüssiger Honig
- 3 Eigelb
- 1 Esslöffel Kaffeelikör
- ½ Deziliter Puderzucker

GARNIERUNG
- ¾ Deziliter Sahne
- Etwas frisches Obst oder Beeren
- 75 Gramm weiße Kochschokolade
- Leichte Kochschokolade

a) Mandeln und dunkle Schokolade hacken.

b) Das Eiweiß schaumig schlagen. Den Zucker nach und nach hinzufügen und weiter schlagen, bis ein Schaum entsteht. Mandeln und gehackte Schokolade unterrühren.

c) Die Masse in einer gefetteten und mit Semmelbröseln bestreuten Backform mit abnehmbarem Boden verteilen. In der Mitte des Ofens etwa 25–30 Minuten backen.

d) Lassen Sie den Kuchen abkühlen und lösen Sie ihn dann. Waschen Sie die Backform und legen Sie den Kuchen mit der Oberseite nach unten wieder hinein.

e) Brechen Sie die Schokolade zum Parfait in kleine Stücke und geben Sie diese in eine Schüssel. Die Schokolade im Wasserbad schmelzen.

f) Eigelb und Zucker schaumig schlagen. Den flüssigen Honig hinzufügen. Die Sahne in einer anderen Schüssel schaumig schlagen.
g) Ein paar Löffel Sahne und eventuell den Kaffeelikör unter die Eimischung rühren. Die geschmolzene Schokolade in einem feinen Spritzer unter Rühren dazugeben. Zum Schluss die restliche Sahne unterrühren.
h) Die Parfaitmasse auf dem Kuchen verteilen. Legen Sie es für mindestens 3 Stunden in den Gefrierschrank.
i) Die weiße Schokolade in kleine Stücke schneiden. Die Sahne in einem kleinen Topf zum Kochen bringen. Den Topf vom Herd nehmen und die Schokolade hineingeben. Lassen Sie es schmelzen und rühren Sie um. Lassen Sie die Garnitur abkühlen.
j) Wickeln Sie die dicke Garnitur über den Kuchen. Stellen Sie den Kuchen wieder in den Gefrierschrank und lassen Sie ihn dort mindestens eine weitere Stunde lang stehen.
k) Nehmen Sie den Kuchen etwa 15 Minuten vor dem Genuss aus dem Gefrierschrank. Mit geschnittener Kochschokolade und eventuell frischen Beeren oder Früchten garnieren.

70. Sommerliches Traubenparfait

Ergibt: 2 Portionen

ZUTATEN:
- 1 Tasse kernlose Weintrauben
- 1 8-Unzen-Behälter Zitrone
- Fettfreier Joghurt

a) Zusammenfalten, in Parfaitgläser füllen und bis zum Verzehr in den Kühlschrank stellen (oder die Zutaten in den Kühlschrank stellen, kombinieren und noch kalt servieren). Wenn Sie es noch eleganter mögen, können Sie die Zutaten auch schichtweise auftragen.

b) Die Kombination aus Zitronenjoghurt und Weintrauben ist erstaunlich erfrischend und reichhaltig.

71. Süßkartoffelparfait

Ergibt: 1 Portion

ZUTATEN:
- 2 große Süßkartoffeln
- ¼ Tasse ungefilterter Apfelsaft
- 2 Esslöffel Agar-Agar-Flocken
- ½ Tasse Gerstenmalz
- ¼ Tasse Ahornsirup
- 2 Esslöffel Vanilleextrakt
- ¼ Teelöffel Meersalz
- ½ Teelöffel gemahlener Zimt
- ¼ Teelöffel geriebene Muskatnuss
- ½ Teelöffel gemahlener Piment
- ¼ Teelöffel gemahlene Nelken
- 2 Esslöffel Kudzu
- 1 Tasse Pekannussstücke; gehackt
- Pekannusscreme

a) Süßkartoffeln schälen, schneiden und in einen 4-Liter-Topf mit 2 Tassen Wasser geben. Abdecken, zum Kochen bringen und etwa 25 Minuten kochen, bis die Kartoffeln weich sind. gut abtropfen lassen.
b) In einem mittelgroßen Topf Apfelsaft, ½ Tasse Wasser und Agar-Agar-Flocken vermischen und 10 Minuten ruhen lassen. Bei mittlerer Hitze langsam köcheln lassen und 10 Minuten kochen lassen.
c) In einer mittelgroßen Schüssel Gerstenmalz, Ahornsirup, 1 Esslöffel Vanilleextrakt, Salz, Zimt, Muskatnuss, Piment und Nelken vermischen. Zur Agar-Agar-Mischung hinzufügen und gut umrühren.
d) Lösen Sie Kudzu in einer separaten Schüssel gründlich in 3 Esslöffeln Wasser auf, rühren Sie kräftig mit einem Schneebesen um und geben Sie es zur Agar-Agar-Mischung.
e) Dadurch wird es zu einem Sirup eingedickt; Lassen Sie es 15 Minuten lang auf niedriger Stufe köcheln.
f) Abgetropfte Süßkartoffeln in einer Küchenmaschine mit dem restlichen 1 Esslöffel Vanilleextrakt pürieren. Sirup in die Süßkartoffeln gießen und einige Minuten verrühren, bis eine glatte Masse entsteht.
g) In eine flache Auflaufform geben, auf Raumtemperatur bringen und dann ca. 1 Stunde im Kühlschrank lagern, bis es fest ist. Den Pudding mehrere Minuten lang in einer Küchenmaschine mixen.
h) Gehackte Pekannüsse auf ein Backblech legen und 10 Minuten im 350 F heißen Ofen rösten. Abwechselnd Schichten Pudding und Pekannusscreme in Parfaitgläser füllen.
i) Jeweils mit gehackten gerösteten Nüssen belegen.

72. Brunch-Parfait mit tropischen Früchten

Ergibt: 4 Portionen

ZUTATEN:
- 1 Dose tropischer Fruchtsalat (15 1/4 oz)
- 1 Tasse fettfreier Hüttenkäse
- 1 Packung fettfreier, zuckerfreier Pfirsichjoghurt
- ¼ Tasse Rosinen
- ½ Tasse fettfreies Müsli

a) Tropenfruchtsalat abtropfen lassen.
b) Kombinieren Sie Hüttenkäse, Joghurt und Rosinen.
c) SCHICHT in 4 Gläser: Hüttenkäsemischung, Obstsalat und Müsli.

73. Milchreisparfait

Ergibt: 8 Portionen

ZUTATEN:
- 4 Tassen Milch
- ½ Tasse langkörniger weißer Reis
- ¼ Tasse Plus 2 EL Zucker
- ¼ Teelöffel Salz
- 1 Teelöffel Maisstärke
- 2 Teelöffel Wasser
- 3 Pints Erdbeeren, geschält, geviertelt, 8 davon zum Garnieren aufbewahren
- 1 Tasse Zucker
- 2 Eier
- 1 Teelöffel Vanille

a) Milch, Reis, Zucker und Salz in einem Topf zum Kochen bringen. Niedrigere Hitze; Zugedeckt 1 Stunde köcheln lassen oder bis der Reis sehr zart ist, dabei gelegentlich umrühren.

b) In der Zwischenzeit die Soße zubereiten: Maisstärke und Wasser in einer Schüssel vermischen. Beeren und Zucker in einem Topf vermischen; Unter Rühren bei mittlerer Hitze 8 Minuten kochen.

c) Abseihen und Erdbeeren und Flüssigkeit getrennt aufbewahren. Flüssigkeit und die Hälfte der Beeren im Mixer oder Mixer pürieren. Püree wieder in den Topf geben. Restliche Beeren-Maisstärke-Mischung hinzufügen. Unter Rühren ca. 3 Minuten erhitzen, bis es eingedickt ist. In den Kühlschrank stellen, bis es gut gekühlt ist.

d) Eier in einer kleinen Schüssel leicht schlagen; Etwas heiße Reismischung unter die Eier rühren.

e) Wieder unter die Reismischung rühren. Zurück zum Erhitzen. Etwa 3 Minuten köcheln lassen, bis der Pudding eingedickt ist. Vanille hinzufügen. Abdeckung; bis zum Festwerden im Kühlschrank aufbewahren.

f) In ein Parfaitglas 1 EL Soße und ⅓-½ Tasse Pudding geben; Mit 2 EL Soße belegen. Mit einer Beere garnieren. Wiederholen Sie den Vorgang mit 7 weiteren Gläsern. Aufschlag.

74. Himbeerstrudelparfaits

Ergibt: 6 Portionen

ZUTATEN:
- 3 große Eier
- 2½ Esslöffel Zucker
- 2½ Esslöffel Honig
- ¾ Tasse Gut gekühlte Sahne
- ½ Tasse Walnüsse, leicht geröstet, abgekühlt und gehackt
- 6 Schokolocken, falls gewünscht
- zwei 10-Unzen-Päckchen. gefrorene Himbeeren in hellem Sirup, aufgetaut
- frische Himbeeren, falls verfügbar, zum Garnieren

a) Die aufgetauten Himbeeren mit dem Sirup in einer Küchenmaschine pürieren, die Mischung durch ein feines Sieb in einen schweren Topf drücken, dabei kräftig auf die Feststoffe drücken und das Himbeerpüree unter gelegentlichem Rühren kochen, bis es auf etwa 1 Tasse reduziert ist. Abkühlen lassen und kalt stellen.

b) In einer Metallschüssel die Eier, den Zucker und den Honig verrühren, die Schüssel über einen Topf mit siedendem Wasser stellen und die Mischung schlagen, bis sie blass und eingedickt ist und auf einem Zuckerthermometer 160 F anzeigt.

c) Schlagen Sie die Mischung über einer größeren Schüssel mit Eis und kaltem Wasser, bis sie kalt ist, schlagen Sie in einer anderen Schüssel die Sahne, bis nur noch steife Spitzen entstehen, und heben Sie die Sahne und die Walnüsse vorsichtig, aber gründlich unter die Eimischung.

d) Das Himbeerpüree und die Eimischung dekorativ in 170-ml-Gläser füllen, mit einem Holzspieß Kreise formen und die Parfaits abgedeckt über Nacht einfrieren.

e) Die Parfaits können 2 Tage im Voraus zubereitet und abgedeckt und eingefroren aufbewahrt werden. Lassen Sie die Parfaits vor dem Servieren 15 Minuten ruhen.

f) Die Schokoladenröllchen und die frischen Himbeeren dekorativ auf den Parfaits anrichten.

75. Wurzelbier-Granita-Vanille-Parfait

Ergibt: 1 Portion

ZUTATEN:
- 6 Tassen Root Beer; (1 1/2 Quart)
- 1 Liter Vanilleeis
- 4 Ellbogenstrohhalme

a) Gießen Sie am Tag vor dem geplanten Servieren 4 Tassen Root Beer bis zu einer Tiefe von nicht mehr als ½ Zoll in Eiswürfelbehälter (bewahren Sie das restliche Root Beer bis zum Servieren im Kühlschrank auf). Über Nacht einfrieren, zusammen mit hohen, dünnen Gläsern oder Parfaitgläsern zum Servieren servieren.

b) Zum Servieren die Würfel aus der Form lösen und in eine Küchenmaschine mit Medaillonmesser geben. Pulsierend verarbeiten, bis es zerkleinert ist.

c) Legen Sie in jedes Glas einen Strohhalm und lehnen Sie ihn an die Seite. Die Parfaits abwechselnd mit einer Kugel Wurzelbier-Granita und Vanilleeis schichten und mit einer Kugel Eis abschließen.

d) Mit einem Krug restlichem Wurzelbier servieren und Wurzelbier bis zum oberen Rand jedes Parfaits am Tisch aufgießen.

FRUCHT-Narren

76. **Beeren-Narr**

ZUTATEN:
- 1 (12-Unzen) Packung gefrorene Himbeeren oder Erdbeeren (nicht in Sirup), aufgetaut
- 1/4 Tasse plus 1 Esslöffel Zucker, geteilt
- 1 Tasse schwere Schlagsahne

Richtungen

a) In einem Mixer oder einer Küchenmaschine Himbeeren oder Erdbeeren mit 1/4 Tasse Zucker vermischen. So lange verarbeiten, bis die Beeren püriert sind, dabei bei Bedarf den Rand abkratzen.

b) In einer großen Schüssel die Sahne mit dem Mixer schlagen, bis sich weiche Spitzen bilden. Den restlichen 1 Esslöffel Zucker hinzufügen und weiter schlagen, bis sich steife Spitzen bilden.

c) Mit einem Gummispatel vorsichtig das Himbeerpüree unterheben, so dass einige Streifen weißer Schlagsahne übrig bleiben. In vier einzelne Parfaitgläser füllen. 2 Stunden im Kühlschrank lagern und dann servieren.

77. Bananen-Papaya-Narr

Ergibt: 8 Portionen

ZUTATEN:
2 reife Bananen; schälen und in 1/2-Zoll-Würfel schneiden
1 Papaya; schälen, halbieren, entkernen und in 1/2 Zoll große Würfel schneiden
1 Esslöffel dunkler Rum
2 Esslöffel plus 1/4 Tasse weißer Kristallzucker
1 Tasse Sahne
½ Pint Himbeeren
½ Tasse geröstete Kokosnuss

In einer mittelgroßen Schüssel Banane, Papaya, Rum und 2 Esslöffel Zucker vermischen. Die Hälfte dieser Mischung in einer Küchenmaschine mit Metallmesser pürieren; Geben Sie das Püree in die Schüssel zurück und vermischen Sie es mit den restlichen Fruchtwürfeln. Sahne schaumig schlagen; Fügen Sie jeweils 1 Esslöffel ¼ Tasse Zucker zur Sahne hinzu und schlagen Sie weiter, bis sich steife Spitzen bilden. Die Fruchtmischung unter die Schlagsahne heben, bis sie vollständig eingearbeitet ist. In einzelnen Schüsseln oder Kelchen oder einer großen Nähschüssel servieren. Mit Himbeeren und gerösteter Kokosnuss garnieren.

78. Cranberry-Narr

Ergibt: 6 Portionen

ZUTATEN:
16 Unzen Dose gelierte Preiselbeersauce
1 Esslöffel geriebene Orangenschale
1 Teelöffel Mandelextrakt
1 Tasse Sahne, geschlagen -ODER-
1 x 8 Unzen Cool Whip

Die ersten drei Zutaten mit einem Schneebesen oder einer Gabel vermischen.
Schlagsahne oder kühle Schlagsahne hinzufügen. Füllen Sie Parfait- oder Dessertgerichte.
Kühlen, bis es fest ist. Mit Schlagsahne und Orangenscheibe garnieren.
Kann auch bei Zimmertemperatur als Fruchtdip verwendet werden.

79. Stachelbeer-Narr

Ergibt: 6 Portionen

ZUTATEN:
1½ Pfund Stachelbeeren; säuerlich grün
Vorzugsweise solche
1½ Unze Butter
55929 7. Getippt von Heiko Ebeling.
Zucker
6 Unzen Doppelcreme
4 Unzen Sahne

Entfernen Sie die Spitzen und Schwänze von den Stachelbeeren. Butter in einer Pfanne schmelzen, Früchte und 4 gehäufte Esslöffel Zucker hinzufügen. Decken Sie die Pfanne gut ab und köcheln Sie leicht, bis die Stachelbeeren gelb und weich genug sind, um zerdrückt zu werden. In einen Messbecher füllen. Eine gleiche Menge Sahne in eine Schüssel geben und verrühren, bis eine dicke Masse entsteht. Die Stachelbeeren untermischen und die Süße nach Geschmack anpassen. In kleinen Schüsseln mit Mandelkeksen oder Löffelbiskuits servieren.

Viele Leute denken, dass „Fool" vom französischen Verb „fouler" kommt, „zerquetschen", was man in diesem Rezept mit den Stachelbeeren macht.

Leider bestehen Etymologen darauf, dass es sich um einen humorvollen Namen handelt, ähnlich wie Trifle und Whim-Wham, was auch Trifle bedeutet.

80. Guava-Narr

Ergibt: 6 Portionen

ZUTATEN:
- 2 mittelgroße reife Guaven
- 4 Teelöffel Zucker
- ¼ Tasse Sahne, NICHT ultrapasteurisiert
- Beeren zum Garnieren

a) Guaven waschen und die Enden abschneiden.
b) In 2,5 cm große Stücke schneiden; In eine Küchenmaschine oder einen Mixer mit 4 t geben. Zucker. Zu einem Püree aufschlagen. Abschmecken und nach Wunsch Zucker hinzufügen.
c) Durch ein feines Sieb (nicht aus Aluminium) pressen.
d) Abdecken und kalt stellen. Zum Servieren die Sahne schlagen, bis weiche Spitzen entstehen.
e) Vorsichtig unter das Fruchtpüree heben, sodass Wirbel und Streifen entstehen. NICHT vermischen, sondern die beiden Geschmacksrichtungen und Texturen etwas voneinander trennen.
f) Mit Beeren belegen.

81. Zitronengras-Kokosnuss-Dummkopf

Ergibt: 8 Portionen

ZUTATEN:
3 Zoll Zitronengras; geschnitten
¾ Tasse Wasser
1 großes Ei
2 Esslöffel Maisstärke
⅓ Tasse Zitronensaft
¾ Tasse Honig
Abgeriebene Schale von 1 Zitrone
1 Esslöffel Butter oder Margarine
12 Unzen Lite Seidentofu
¾ Tasse Lite-Kokosmilch
⅓ Tasse Zucker
4 Teelöffel Eiweißpulver
¼ Tasse warmes Wasser

In einer mikrowellengeeigneten Schüssel oder einem kleinen Topf Zitronengras und ¾ Tasse Wasser vermischen und dampfend erhitzen. Vom Herd nehmen und 15 bis 20 Minuten ziehen lassen. In einem Topf Ei und Maisstärke glatt rühren. Zitronengrasflüssigkeit zusammen mit Saft und Honig in die Eimischung abseihen und gründlich verrühren. Bei mittlerer Hitze unter ständigem Rühren kochen, bis die Mischung eindickt und Blasen bildet, etwa 20 Minuten. Vom Herd nehmen und Schale und Butter unterrühren. Bis zum Abkühlen beiseite stellen. Bei Bedarf im Kühlschrank aufbewahren, um das Abkühlen zu beschleunigen. In einer Küchenmaschine Tofu, Kokosmilch und Zucker vermischen.

Zu einer glatten Masse verarbeiten. Beiseite legen. In einer großen Schüssel Eiweißpulver und warmes Wasser gemäß den Anweisungen in der Packung vermischen. zu steifen Spitzen peitschen.

Eiweiß vorsichtig unter die Tofu-Mischung heben. Die abgekühlte Zitronenmischung teilweise unterheben, so dass nicht eingearbeitete Zitronenwirbel in der Creme verbleiben. In eine große Servierschüssel oder einzelne Schüsseln füllen. Mehrere Stunden oder über Nacht kalt stellen.

82. Limettenkuchen mit Erdbeeren und Kiwi

Ergibt: 4 Portionen

ZUTATEN:

¼ Tasse Schlagsahne
¼ Tasse frischer Limettensaft
1 Teelöffel geriebene Limettenschale
6 Unzen weiße Schokolade; gehackt
¾ Tasse gekühlte Schlagsahne
3 Esslöffel Zucker
2 Tassen geschnittene, geschälte Erdbeeren
2 Kiwis; geschält, in dünne Scheiben geschnitten
4 ganze Erdbeeren
4 Limettenscheiben
2 und bis zu 6 Stunden.

Bringen Sie die ersten 3 ZUTATEN mit: in einem schweren kleinen Topf köcheln lassen. Reduzieren Sie die Hitze auf niedrig. Schokolade hinzufügen und rühren, bis sie geschmolzen und glatt ist. In eine mittelgroße Schüssel gießen.

Unter gelegentlichem Rühren etwa 25 Minuten lang in den Kühlschrank stellen, bis es abgekühlt, aber noch nicht fest geworden ist.

Schlagen Sie ¾ Tasse gekühlte Sahne in einer anderen mittelgroßen Schüssel zu weichen Spitzen. Zucker hinzufügen und steif schlagen. Sahne unter die weiße Schokoladenmischung heben.

Geben Sie jeweils ¼ Tasse geschnittene Beeren in vier 8- bis 10-Unzen-Weingläser oder hohe Dessertschalen aus Glas. Drücken Sie 3 Kiwischeiben gegen die Seiten jedes Glases. In jedes Glas ⅓ Tasse Sahnemischung geben. Geben Sie jeweils eine Viertel Tasse geschnittene Beeren in die Mitte und drücken Sie sie in die Mitte, damit die Beeren nicht an den Rändern der Gläser sichtbar sind. Restliche Sahne darüber geben; glatte Spitzen. Zum Servieren mit einem kleinen Messer die ganzen Erdbeeren der Länge nach einschneiden, ohne die Stielenden abzuschneiden. Auf jedes Dessert 1 Erdbeere fächern.

Befestigen Sie eine Limettenscheibe am Rand jedes Glases.

83. Mango- und Joghurt-Narr

Ergibt: 4 Portionen

ZUTATEN:
600 Gramm griechischer Joghurt; (1 Pfund 5 Unzen)
1 Esslöffel frischer Ingwer und Säfte; gerieben
1 Teelöffel gemahlener Kardamom
2 Mangos; geschält
150 Milliliter Doppelrahm; (1/4 Pint)
2 Esslöffel Puderzucker
½ Teelöffel Vanilleextrakt

Den Joghurt mit dem Ingwer, seinen Säften (Ingwer immer über einer Schüssel reiben, um den Saft aufzufangen) und gemahlenem Kardamom vermischen. 1 Mango fein würfeln und beiseite stellen. Schneiden Sie das Fruchtfleisch vom anderen ab und pürieren Sie es in einer Küchenmaschine. Für ein besonders glattes Püree durch ein feines Plastiksieb passieren. Mangowürfel und Püree unter den Joghurt mischen.

Sahne mit Zucker und Vanilleessenz schaumig schlagen. Sahne unter den Mangojoghurt heben. Die Mischung in die Gläser füllen und bis zum Verzehr im Kühlschrank aufbewahren.

84. Pina-Colada-Narr

Ergibt: 6 Portionen

ZUTATEN:
1 Tasse abgetropfte, ungesüßte, zerkleinerte Ananas
1½ Tasse Schlagsahne
½ Tasse gesüßte Kokosraspeln
1 Esslöffel Kokoslikör oder Rum (optional)
Minzzweige (optional)
Die Hälfte der Ananas im Mixer oder in der Küchenmaschine pürieren; Zur restlichen Ananas hinzufügen. In einer separaten Schüssel Sahne schlagen; Ananas, Kokosnuss und Kokoslikör (falls verwendet) unterheben.

Auf 6 Gläser mit langem Stiel verteilen. 1 Stunde kalt stellen. Mit Minze garnieren (falls verwendet).

85. Ananas- und Makronen-Narr

Ergibt: 4 Portionen

ZUTATEN:
1 Ananas
10 Unzen Doppelrahm; leicht geschlagen
4 Esslöffel griechischer Naturjoghurt
3 Esslöffel Puderzucker; gesiebt
4 Mandelmakronenkekse; zerbröckelt

Schneiden Sie die Ananas der Länge nach in zwei Hälften und löffeln Sie vorsichtig das Fruchtfleisch heraus. Achten Sie darauf, dass die Ananasschale intakt bleibt.
Das Fruchtfleisch in kleine Würfel schneiden und in eine Schüssel geben.
Sahne, Joghurt, Zucker und Makronen hinzufügen und gut vermischen.
Etwa 30 Minuten kalt stellen und in die Ananasschalen löffeln.
Von oben nach unten auf einem Servierteller anrichten und sofort servieren.

86. Himbeer-Narr

Ergibt: 2 Portionen

ZUTATEN:
2 Tassen pürierte Himbeeren, gesüßt
Schmecken
1 Esslöffel Kirsch oder Rum
1 Tasse Sahne, geschlagen
Obst und Kirschwasser vermischen und unter die Schlagsahne heben. Gut kühlen.

Die Himbeeren können auch durch andere Beeren oder Früchte ersetzt werden.

87. Erdbeer-Narr

Ergibt: 1 Portion

ZUTATEN:
1½ Erdbeere; frisch geschält; Pint
½ Tasse) Zucker
2 Tropfen Zitronensaft
1 Tasse Sahne; Auspeitschen
Erdbeeren, Zucker und Zitronensaft in einer Küchenmaschine mit Stahlmesser pürieren.

Sahne schlagen, bis steife Spitzen entstehen; Das Püree hineinrühren, bis die Masse glatt ist. Passen Sie die Süße an, falls gewünscht.

Vor dem Servieren mehrere Stunden im Kühlschrank lagern.

88. Rhabarber-Bananen-Dummkopf

Ergibt: 4 Portionen

ZUTATEN:
1 Pfund Rhabarber
¼ Tasse brauner Zucker, weich
1¼ Teelöffel Ingwer, konserviert
2 große Bananen, in dünne Scheiben geschnitten
2 Eiweiß
1 Esslöffel Zucker, Rizinus
8 Unzen Quark (Weichkäse)

Den Rhabarber kochen, pürieren und abkühlen lassen. Zucker, Ingwer und den größten Teil der Banane hinzufügen (einen Rest zum Dekorieren übrig lassen). Gut mischen.

Die Masse nach und nach unter den Quark schlagen. Das Eiweiß unterheben.

In einzelne Gerichte füllen und kalt stellen. Mit der restlichen Banane belegen und servieren. Genießen.

89. Tropischer Frucht-Narr

Ergibt: 2 Portionen

ZUTATEN:
1 Limette
150 Milliliter Schlagsahne
1 Dose Obstsalat, in leichtem Sirup, abgetropft
2 Teelöffel heller Muscovado-Zucker
1 425-Gramm-Dose in Scheiben geschnittene Mango; (in leichtem Sirup), abgetropft
Knusprige Kekse; dienen

Die Limettenschale schälen, die weiße Schale zurücklassen und eine Minute in einem kleinen Topf mit kochendem Wasser blanchieren. Für eine lebendige Farbe abtropfen lassen und unter fließendem kaltem Wasser erfrischen.
Die Sahne in eine Schüssel geben und schlagen, bis sie gerade noch ihre Form behält und weiche Spitzen aufweist. Geben Sie den exotischen Obstsalat in eine Küchenmaschine, pressen Sie den Limettensaft hinein und fügen Sie den Zucker hinzu. Zu einem Püree aufschlagen und unter die Sahne heben.
Das Fruchtfleisch der Mango würfeln und die Hälfte auf zwei elegante Stielgläser verteilen, die auf einem Teller stehen.
Geben Sie die Hälfte der Sahnemischung hinein und streuen Sie die restlichen Mangowürfel darüber. Geben Sie zum Abschluss den Rest der Sahnemischung hinzu und schwenken Sie die Oberseite mit einem Löffel über das Glas.
Mit einem kleinen Häufchen Limettenschale dekorieren und sofort mit einigen knusprigen Keksen servieren.

90. Erdbeer-Mascarpone-Dummkopf

Ergibt: 4 Portionen

ZUTATEN:
4 Pints Erdbeeren
1 Tasse frischer Mascarpone-Käse; oder mehr
2 Teelöffel Balsamico-Essig
3 Esslöffel Kristallzucker
1 Tasse Sahne

Erdbeeren in Scheiben schneiden und in eine Schüssel geben. Den Balsamico-Essig und den Zucker dazugeben und vermengen. Etwa 1 Stunde mazerieren lassen. 1 Tasse (oder mehr) Erdbeeren herausnehmen und aufbewahren.

Die restlichen Beeren zusammen mit der Mascarpone in eine Küchenmaschine geben und glatt rühren. Sahne schaumig schlagen und vorsichtig, aber gründlich mit der Mascarpone-Mischung vermischen.

Verteilen Sie die in Scheiben geschnittenen Erdbeeren auf 1,2- bis 1,8-füßige, durchsichtige Becher und geben Sie die Mascarpone-Creme darauf. Mit einer ganzen Beere garnieren.

91. Rhabarber-Ingwer-Dummkopf

Ergibt: 4 Portionen

ZUTATEN:
750 Gramm Rhabarber; in Stücke schneiden
75 Gramm weicher brauner Zucker; (3 Unzen)
Abgeriebene Schale und Saft von 1 Orange
1 gehäufter Teelöffel frischer Ingwer; gerieben
1 200 Milliliter griechischer Joghurt
2 Esslöffel konservierter Ingwer; fein gehackt

Heizen Sie den Ofen auf 180 °C (350 °F) und Gasstufe 4 vor.
Geben Sie den Rhabarber in eine flache Bratform und streuen Sie den Zucker, die Schale und den Saft einer Orange sowie den Ingwer darüber. In den Ofen schieben und 30-40 Minuten backen. Abkühlen lassen.
Geben Sie die Rhabarbermischung zusammen mit dem griechischen Joghurt in einen Mixer und mixen Sie alles zu einem Püree.
In geeignete Servierschalen füllen, mit eingelegtem Ingwer dekorieren und sofort servieren.

92. **Mango-Narr**

Ergibt: 1 Portion

ZUTATEN:
1 Pfund geschälte und gehackte Mango; (Skins speichern)
10 Unzen Kondensmilch
8 zerstoßene Kardamomsamen
3 TL Zucker
1 Tasse Schlagsahne

Die gehackte Mango in einen Mixer geben und cremig rühren. Den zerstoßenen Kardamom, Zucker, Kondensmilch und Sahne hinzufügen.
Einige Sekunden lang mixen. In die Mangoschale verwandeln und etwa eine Stunde im Kühlschrank ruhen lassen. Mit einem Klecks Schlagsahne darüber servieren.

93. Erdbeer-Rhabarber-Narr

Ergibt: 12 Portionen

ZUTATEN:
Je 1 weiße Kuchenmischung (Größe für 2 Schichten)
Je 1 Kokoscreme- oder Vanille-Instant-Pudding (4 Portionen)
Je 1 Ei
¼ Tasse Wasser
¼ Tasse Wesson-Öl
1 Tasse Kokosraspeln
⅓ Tasse Bacardi Dark Rum
Glasur
Je 1 Kokoscreme- oder Vanille-Instant-Pudding (4 Portionen)
⅓ Tasse Bacardi Dark Rum
1 je 8-Unzen-Dose zerkleinerte Ananas (im Saft)
Jeweils 1 9-o-Behälter gefroren, mit Schlagsahne bestreut und aufgetaut
6 Tassen gehackter Rhabarber in 1/2-Zoll-Stücken
1½ Tasse Erdbeeren
1 Teelöffel abgeriebene Zitronenschale
3 Esslöffel Zitronensaft
2 Esslöffel Wasser
1 Tasse Zucker
2 Tassen Schlagsahne

In einem Topf mit dickem Boden Rhabarber, Erdbeeren, Zitronenschale und -saft, Wasser und Zucker vermischen. Abdecken und bei schwacher Hitze unter gelegentlichem Rühren etwa 20 Minuten kochen lassen, bis die Früchte weich sind.

Abkühlen lassen, pürieren und abschmecken, bei Bedarf mehr (oder weniger) Zucker hinzufügen.

(Das Rezept kann bis zu diesem Punkt im Voraus zubereitet und 4 oder 5 Tage lang gekühlt werden.) Sahne schlagen und unter die Früchte heben. Sieht herrlich aus, serviert in Stielgläsern mit jedem knusprigen Butterkeks.

94. Gemischte Beeren und Bananen-Fool

ZUTATEN:

350 g gemischte gefrorene Beeren oder aufgetaut
Einige gefrorene Bananen oder 1 oder 2 geschälte
75 g Puderzucker
150 g griechischer Joghurt
150 ml Schlagsahne (Doppelcreme)

ANWEISUNGEN:

Lassen Sie die Beeren durch ein feinmaschiges Sieb laufen oder pürieren Sie die gemischten Beeren in einem Elektromixer mit etwas griechischem Joghurt und drücken Sie dann mit der Rückseite eines Dessertlöffels die dicke Frucht-Beeren-Flüssigkeit durch das Mehlsieb zu einer kräftigen Mischung Schüssel.

Legen Sie die Beerenkerne auf eine Seite und fügen Sie dann die Bananenstücke zu Ihrem Nutri Ninja Cup hinzu, geben Sie die glatten, gereinigten gemischten Beeren hinein und pürieren Sie sie dann, bis alles gut vermischt ist.

In eine große Rührschüssel füllen und dann die 75 g Puderzucker hinzufügen – mit einem Dessertlöffel vermischen und dann den ziemlich dicken griechischen Joghurt hinzufügen – 150 g davon.

Schlagen Sie die Sahne in einem Küchenmixer von Kenwood mit dem Schneebesenaufsatz oder einem handgeführten elektrischen Schneebesen auf – Sie können ihn auch von Hand mit einem Ballon-Schneebesen schlagen – es ist wichtig, nicht zu stark zu verquirlen, als dass Sie selbstgemachte Butter herstellen würden. Sobald Sie fertig sind, mischen Sie die dicke Sahne vorsichtig mit einem Dessertlöffel unter, verteilen Sie sie auf mehrere Dessertschalen, geben Sie ein paar rohe Beeren und ein wenig Minzblatt darüber und fertig.

95. Pfirsichdummkopf und Pfirsichgelee

ZUTATEN:
- 2 weiße Pfirsiche
- 2 Tassen Wasser
- 2-3 Esslöffel Zitronensaft
- 1/2 Tasse Puderzucker
- 100 ml Roséwein ODER Limonade
- 1 Esslöffel (12 g) Gelatinepulver
- 2-3 Esslöffel Wasser
- 1/2 Tasse eingedickte Sahne, geschlagen
- 2-3 Esslöffel Puderzucker
- Extra Pfirsich zum Garnieren, optional

ANWEISUNGEN:

a) Streuen Sie Gelatinepulver über 2-3 Esslöffel Wasser in einer kleinen Schüssel. 5-10 Minuten ruhen lassen.

b) Jeden Pfirsich mit Schale vierteln, entsteinen und in einen Topf geben. Wasser, Zucker und Zitronensaft in den Topf geben und 10 bis 15 Minuten köcheln lassen, bis die Masse weich ist.

c) Gekochte Pfirsiche in eine Schüssel geben und beiseite stellen. Gelatinepaste zum heißen Sirup im Topf geben und gut verrühren, bis sich die Gelatine auflöst. Limonade oder Roséwein hinzufügen und gut vermischen. Gießen Sie es in Serviergläser und lassen Sie es abkühlen, damit es im Kühlschrank fest wird.

d) Machen Sie Peach zum Narren. Entfernen Sie die Haut von den gekochten Pfirsichspalten und pürieren oder verarbeiten Sie sie, bis die gewünschte Konsistenz erreicht ist, glatt oder grob. Zucker hinzufügen und vermischen, dann mit Schlagsahne vermischen.

e) Legen Sie den Pfirsichkuchen auf das fest gewordene Gelee und legen Sie einige Pfirsichstücke darauf.

96. Ananas-Narr

ZUTATEN:
KRUSTE
2 1/2 Tasse Tenniskekse
1/2 Tasse geschmolzene Butter
FÜLLUNG
2 Tassen Puderzucker
1 Tasse Frischkäse
1 Tasse Schlagsahne
1 große Dose zerkleinerte Ananas, gut abgetropft

ANWEISUNGEN:
Aus zerkleinerten Tenniskeksen und geschmolzener Butter eine Kruste formen, in eine Schüssel schichten und im Kühlschrank aufbewahren
In den Mixer Puderzucker, Frischkäse, Schlagsahne und Ananas geben und gut verrühren, bis eine schaumige Masse entsteht.
Gießen Sie die feuchte Mischung über die Kruste und stellen Sie sie in den Kühlschrank.

97. Kirsch- und Kokosnuss-Narr

ZUTATEN:

150 g gefrorene Süßkirschen
1 Dose vollfette Kokosmilch
2 EL Ahornsirup

ANWEISUNGEN:

Stellen Sie die ganze Dose Kokosmilch etwa eine halbe Stunde lang in den Kühlschrank. Drehen Sie die Dose um und öffnen Sie sie. Gießen Sie das abgetrennte Kokoswasser in einen Krug ab. Entfernen Sie die restliche Sahne und geben Sie sie in eine Küchenmaschine oder eine große Schüssel.

Geben Sie Ihre Kirschen in einen Topf und geben Sie 3 EL Kokoswasser aus dem Krug hinzu. Erhitzen Sie die Kirschen, bis sie Blasen bilden und anfangen, einzukochen und klebrig zu werden. Vom Herd nehmen und in einer Schüssel oder auf einem Teller abkühlen lassen.

Kokoscreme und Ahornsirup verrühren, bis die Creme glatt und leicht luftig ist. Fügen Sie dann 2/3 Rotweine Ihrer abgekühlten Kirschmischung hinzu. Geben Sie den Kuchen in eine Servierschüssel (2 Schüsseln, wenn Sie nicht so gierig sind wie ich) und lassen Sie ihn 30 Minuten lang kalt.

Mit den restlichen Kirschen belegen und servieren!

98. Gemischte Beeren und Joghurt Fool

ZUTATEN:
- 1 Tasse gemischte Beeren ODER Beeren Ihrer Wahl, plus etwas Extra zum Garnieren
- 1/4 Tasse Puderzucker
- 1 Tasse eingedickte Sahne
- 1-2 Esslöffel Puderzucker
- 1 Teelöffel Zitronensaft
- 1/2 Tasse griechischer Joghurt

ANWEISUNGEN:
a) Beeren Ihrer Wahl und 1/4 Tasse Puderzucker in eine hitzebeständige Schüssel geben und 2 Minuten in der Mikrowelle erhitzen. Drücken Sie die Beeren leicht mit einer Gabel oder einem Löffel zusammen und erhitzen Sie sie dann noch einige Minuten, bis sie eindicken. Gehen Sie dabei sehr vorsichtig vor, da es Blasen bildet. Zum vollständigen Abkühlen beiseite stellen.
b) In einer separaten Schüssel Sahne und 1–2 Esslöffel Puderzucker verquirlen, bis sich weiche Spitzen bilden. Zitronensaft und Joghurt hinzufügen und erneut verquirlen.
c) Die abgekühlte Beerenmischung dazugeben und vorsichtig vermischen.
d) Die Mischung in Serviergläser füllen und 1 Stunde im Kühlschrank ruhen lassen. Mit zusätzlichen Beeren belegen und servieren.

99. Bananen-Walnuss-Narr

ZUTATEN:
1/4 Tasse Zucker
1 EL frische Sahne
2 gehackte Bananen
100 GM-Schlagsahne
2-4 EL gehackte Walnüsse
2 EL Butterscotch-Kugeln
Schokoladenstückchen zum Garnieren

ANWEISUNGEN:
Pfanne erhitzen, Zucker karamellisieren lassen, Sahne dazugeben und gut verrühren
Dann die Flamme ausschalten, Bananen dazugeben und gut vermischen
Dann Walnüsse und Butterscotch-Kugeln dazugeben und gut vermischen.
Nehmen Sie Schnapsbecher und geben Sie die Bananenmischung hinein.
Mit Schlagsahne belegen
Mit Schokoladenstückchen und Kirschen garnieren und servieren.

100. Blackberry-Narr

ZUTATEN:
- 150 Gramm Brombeeren oder anderes Obst (+ 1,5 Esslöffel Zucker)
- 2 TL Zitronensaft
- 150 Gramm passierter Joghurt
- 150 ml Schlagsahne (+ 1 Esslöffel Zucker)
- 1 Spritzer Vanilleextrakt

ANWEISUNGEN:

a) Zur Vorbereitung die Schlagsahne und den Joghurt gut abkühlen lassen. Ein paar Brombeeren zum Garnieren aufbewahren.

b) Die restlichen Beeren mit einem Löffel durch ein feines Sieb abseihen, um die Kerne zu entfernen. Die passierten Früchte und den Saft, eineinhalb Esslöffel Zucker und den Zitronensaft hinzufügen und vermischen.

c) Zucker und Zitronensaft zu den Beeren geben und in einer Küchenmaschine zu einem Püree verarbeiten. Sie müssen diese Mischung nicht abseihen.

d) Kombinieren Sie je nach Geschmack den abgeseihten Joghurt, 2 Esslöffel Zucker, Vanilleextrakt und 1/3 bis 1/2 der pürierten Beeren.

e) In einer separaten Schüssel die Schlagsahne und 1 Esslöffel Zucker schlagen, bis sich weiche Spitzen bilden. Mischen Sie es mit der Joghurtmischung aus

f) Mit einem Löffel 1 Esslöffel der pürierten Früchte darüberträufeln, vorsichtig unterheben und in einem Behälter servieren.

g) Mit den zuvor beiseite gelegten Beeren garnieren und fertig. Passt gut zu Hartkeksen oder Löffelbiskuits.

h) Wenn Sie es nicht sofort essen, kühlen Sie es im Kühlschrank gut ab und genießen Sie es später.

i) So konservieren Sie viele Brombeeren: Verteilen Sie die Brombeeren auf einem Tablett und stellen Sie sie in den Gefrierschrank. Sobald sie gefroren sind, füllen Sie sie in Ziploc-Beutel um. Im Gefrierschrank können sie lange aufbewahrt werden, ohne dass sie aneinander kleben.

ABSCHLUSS

Trifle, Parfait und Fools gibt es schon seit vielen Jahren, scheinen aber im letzten Jahrzehnt an Popularität gewonnen zu haben. In diesen festlichen, köstlichen und wunderschönen Schichtdesserts, die Sie zu Hause probieren können, gibt es jede Menge Kuchen, Pudding, Vanillesoße, Marmelade und mehr! Genießen.

Ingram Content Group UK Ltd.
Milton Keynes UK
UKHW021148220623
423869UK00009B/69

Getting less than you want from life?

WHAT'S IN IT FOR ME?

The question you'd like to ask when life is getting you down.

Amanda Butterworth

© Copyright 2014 Amanda Butterworth

First Published 2014 by Iconoclast 11 Publishing

The right of Amanda Butterworth to be identified as the Author of this Work has been asserted by her in accordance with the Copyright, Designs and Patents Act 1988.

All rights reserved. No part of this book may be reprinted or reproduced or utilised in any form or by any electronic, mechanical, or other means, now known or hereafter invented, (including photocopying and recording, or in any information storage or retrieval system), without the prior written permission of the author.

Drawings by Michael Frank

Photo by Marc Cachia Photography

ISBN 978-0-9929086-0-7

For more from Amanda Butterworth visit:

www.amanda-butterworth.com